日本語能力試験
スーパー模試
N4・N5

監修　岡本能里子

アルク
www.alc.co.jp

はじめに

　この本は、2010年から始まった新しい日本語能力試験合格を目指す『日本語能力試験スーパー模試』シリーズのＮ４・Ｎ５の問題集です。

　新試験Ｎ４・Ｎ５は、「基本的な語彙や漢字を使って書かれた文や、ゆっくり話される身近な話題について内容を聴き取り理解できる力」を測ります。

　この本では、問題の出し方や説明も、実際の模擬試験に近いように作りましたから、問題を何度も解いて練習してください。そうすると、試験の日でもあわてることなく、試験を受けることができます。模擬試験をやった後は、自分で採点できるようになっています。ぜひ、使い方をよく読んで、問題をやってみてください。

　みなさんの日本語の力がのび、Ｎ４・Ｎ５の合格のために、この問題集がお役に立てればうれしく思います。

　2011年5月に、Ｎ１からスタートし、短期間で新たにこのＮ４・Ｎ５問題集まで刊行できたことは、休日も休まず努力された問題作成メンバーの強いきずなと日本語を学ぶ方々への熱い思い、そして、それを支えて、編集してくださった浅野陽子さんの温かい励ましのおかげです。改めてこの場を借りて、心よりお礼申し上げます。

2012年9月
岡本能里子

目次

日本語能力試験について知る 6
この本の使い方 16

【N4】

模擬テスト 第1回
言語知識（文字・語彙） 22
言語知識（文法）・読解 30
聴解 44

模擬テスト 第2回
言語知識（文字・語彙） 56
言語知識（文法）・読解 64
聴解 78

【N5】

模擬テスト 第1回
言語知識（文字・語彙） 90
言語知識（文法）・読解 96
聴解 108

模擬テスト 第2回
言語知識（文字・語彙） 120
言語知識（文法）・読解 126
聴解 136

聴解スクリプト
　　N4　第1回 ·· 146
　　N4　第2回 ·· 152
　　N5　第1回 ·· 158
　　N5　第2回 ·· 163

模擬テスト　記録表　N4用 ·· 168
　　　　　　　　　　　　　N5用 ·· 170

別冊

解答用紙（マークシート）　N4　第1回用／第2回用
　　　　　　　　　　　　　　　N5　第1回用／第2回用
解　答　　　　　　　　　　　N4　第1回用／第2回用
　　　　　　　　　　　　　　　N5　第1回用／第2回用

日本語能力試験について知る

この解説は、国際交流基金と日本国際教育支援協会が運営する、日本語能力試験公式ウェブサイト（http://www.jlpt.jp/）をもとにしています。

日本語能力試験とはどんな試験か

●日本語能力試験の概要

- 日本語能力試験は、日本語を母語としない人の日本語能力を測定し、認定する試験です。
- 世界最大規模の日本語の試験です。
- 「独立行政法人　国際交流基金」と「公益財団法人　日本国際教育支援協会」が実施しています。
- 1984年から始まり、2010年からは、試験の内容を改定した新しい日本語能力試験が実施されています。

●日本語能力試験の目的

日本語を母語としない人の日本語能力を測定し、認定することを目的としています。

●主催者

- 国際交流基金と財団法人日本国際教育支援協会が共催で実施しています。
- 日本国内では
    →日本国際教育支援協会（http://info.jees-jlpt.jp）が実施しています。
- 海外では
    →国際交流基金（http://www.jpf.go.jp/j/）が実施しています。

日本語能力試験を受験する場合の手続きは？

●だれが受験できるか
日本語を母語としない人なら、だれでも受験できます。年齢制限はありません。

●試験はいつ実施されるか
- 年に2回、7月と12月に行われます。
- ただし、海外では7月の試験を実施しない国・地域があります。受験したい都市で7月の試験を実施するかどうかは、日本語能力試験公式ウェブサイト内の「海外の実施都市・実施機関一覧」(http://www.jlpt.jp/application/overseas_list.html) で確認してください。
- 実施日程は、それぞれの試験の5カ月ぐらい前に発表されます。

●試験会場はどこか
- 日本国内で受験する場合
  → 日本国際教育支援協会のホームページ (http://www.jees.or.jp/jlpt/) を見てください。
- 海外で受験する場合
  → 国際交流基金のホームページ (http://www.jpf.go.jp/j/) または、日本語能力試験公式ウェブサイト内の「海外の実施都市・実施機関一覧」(http://www.jlpt.jp/application/overseas_list.html) を見てください。

●願書はどこで入手するか
(以下は、日本国内で受験する場合です。それ以外の場合は、それぞれの実施機関のホームページを見てください。)
- 日本語能力試験受験案内(願書)は、それぞれの試験の4カ月ぐらい前に販売されます。
- 日本語能力試験受験案内(願書)は、全国の大きな書店で販売されます。

● どのように申し込むか

(以下は、日本国内で受験する場合です。それ以外の場合は、それぞれの実施機関のホームページを見てください。)

- 受験案内を読んで、願書に必要事項を記入します。
- 受験料を支払います。
- 願書を、受付センターに郵送します。

詳しくは、受験案内（願書）に書いてあります。

● 試験の結果はどのようにわかるか

(以下は、日本国内で受験する場合です。それ以外の場合は、それぞれの実施機関のホームページを見てください。)

- 試験の結果は、レベルごとに合格か不合格かを判定し、受験者全員に「合否結果通知書」が送られてきます。
- 希望者には「日本語能力試験認定結果及び成績に関する証明書」が発行されます。

日本語能力試験が判定するレベルは？

- 日本語能力試験のレベルは、N1～N5の5段階です。
- レベルによって試験問題が違うので、自分でレベルを選んで受験します。
- 各レベルの目安は次の表のとおりです。

レベル	認定の目安
	各レベルの認定の目安を【読む】【聞く】という言語行動で表します。それぞれのレベルには、これらの言語行動を実現するための言語知識が必要です。
N1	**幅広い場面で使われる日本語を理解することができる** 【読む】 ・幅広い話題について書かれた新聞の論説、評論など、論理的にやや複雑な文章や抽象度の高い文章などを読んで、文章の構成や内容を理解することができる。 ・さまざまな話題の内容に深みのある読み物を読んで、話の流れや詳細な表現意図を理解することができる。 【聞く】 ・幅広い場面において自然なスピードの、まとまりのある会話やニュース、講義を聞いて、話の流れや内容、登場人物の関係や内容の論理構成などを詳細に理解したり、要旨を把握したりすることができる。
N2	**日常的な場面で使われる日本語の理解に加え、より幅広い場面で使われる日本語をある程度理解することができる** 【読む】 ・幅広い話題について書かれた新聞や雑誌の記事・解説、平易な評論など、論旨が明快な文章を読んで文章の内容を理解することができる。 ・一般的な話題に関する読み物を読んで、話の流れや表現意図を理解することができる。 【聞く】 ・日常的な場面に加えて幅広い場面で、自然に近いスピードの、まとまりのある会話やニュースを聞いて、話の流れや内容、登場人物の関係を理解したり、要旨を把握したりすることができる。
N3	**日常的な場面で使われる日本語をある程度理解することができる** 【読む】 ・日常的な話題について書かれた具体的な内容を表す文章を、読んで理解することができる。 ・新聞の見出しなどから情報の概要をつかむことができる。 ・日常的な場面で目にする難易度がやや高い文章は、言い換え表現が与えられれば、要旨を理解することができる。 【聞く】 ・日常的な場面で、やや自然に近いスピードのまとまりのある会話を聞いて、話の具体的な内容を登場人物の関係などとあわせてほぼ理解できる。
N4	**基本的な日本語を理解することができる** 【読む】 ・基本的な語彙や漢字を使って書かれた日常生活の中でも身近な話題の文章を、読んで理解することができる。 【聞く】 ・日常的な場面で、ややゆっくりと話される会話であれば、内容がほぼ理解できる。
N5	**基本的な日本語をある程度理解することができる** 【読む】 ・ひらがなやカタカナ、日常生活で用いられる基本的な漢字で書かれた定型的な語句や文、文章を読んで理解することができる。 【聞く】 ・教室や、身の回りなど、日常生活の中でもよく出会う場面で、ゆっくり話される短い会話であれば、必要な情報を聞き取ることができる。

出典 日本語能力試験公式ウェブサイト (http://www.jlpt.jp/)

日本語能力試験の科目は？

●どんな科目があるのか
- Ｎ１とＮ２は「言語知識（文字・語彙・文法）・読解」と「聴解」の２科目。
- Ｎ３、Ｎ４、Ｎ５は「言語知識（文字・語彙）」「言語知識（文法）・読解」「聴解」の３科目。

●科目と時間

レベル	試験科目（試験時間）		
Ｎ１	言語知識（文字・語彙・文法）・読解 （110分）		聴解 （60分）
Ｎ２	言語知識（文字・語彙・文法）・読解 （105分）		聴解 （50分）
Ｎ３	言語知識（文字・語彙） （30分）	言語知識（文法）・読解 （70分）	聴解 （40分）
Ｎ４	言語知識（文字・語彙） （30分）	言語知識（文法）・読解 （60分）	聴解 （35分）
Ｎ５	言語知識（文字・語彙） （25分）	言語知識（文法）・読解 （50分）	聴解 （30分）

●解答のしかた
- 解答用紙（マークシート式）に記入します。正しい答えの番号を塗りつぶす形で解答します。
- 作文や会話の試験はありません。文を書いたり、話したりすることはありません。

どんな問題が出るのか

●問題の構成と問題数

試験科目		大問 (測ろうとする能力)	問題数				
			N1	N2	N3	N4	N5
言語知識・読解	文字・語彙	漢字読み	6	5	8	9	12
		表記	—	5	6	6	8
		語形成	—	5	—	—	—
		文脈規定	7	7	11	10	10
		言い換え類義	6	5	5	5	5
		用法	6	5	5	5	—
		問題数合計	25	32	35	35	35
	文法	文の文法1 (文法形式の判断)	10	12	13	15	16
		文の文法2 (文の組み立て)	5	5	5	5	5
		文章の文法	5	5	5	5	5
		問題数合計	20	22	23	25	26
	読解	内容理解（短文）	4	5	4	4	3
		内容理解（中文）	9	9	6	4	2
		内容理解（長文）	4	—	4	—	—
		統合理解	3	2	—	—	—
		主張理解（長文）	4	3	—	—	—
		情報検索	2	2	2	2	1
		問題数合計	26	21	16	10	6
聴解		課題理解	6	5	6	8	7
		ポイント理解	7	6	6	7	6
		概要理解	6	5	3	—	—
		発話表現	—	—	4	5	5
		即時応答	14	12	9	8	6
		統合理解	4	4	—	—	—
		問題数合計	37	32	28	28	24

問題数は出題される目安ですから、実際の試験では多少異なることがあります。

● どんな能力を測るのか（Ｎ４、Ｎ５の場合）

Ｎ４ 大問のねらい

試験科目		問題の構成	
		大問	ねらい
言語知識	文字・語彙	1 漢字読み	漢字で書かれた語の読み方を問う
		2 表記	ひらがなで書かれた語が、漢字でどのように書かれるかを問う
		3 文脈規定	文脈によって意味的に規定される語が何であるかを問う
		4 言い換え類義	出題される語や表現と意味的に近い語や表現を問う
		5 用法	出題語が文の中でどのように使われるのかを問う
言語知識・読解	文法	1 文の文法1（文法形式の判断）	文の内容に合った文法形式かどうかを判断することができるかを問う
		2 文の文法2（文の組み立て）	統語的に正しく、かつ、意味が通る文を組み立てることができるかを問う
		3 文章の文法	文章の流れに合った文かどうかを判断することができるかを問う
	読解	4 内容理解（短文）	学習・生活・仕事に関連した話題・場面の、やさしく書き下ろした100～200字程度のテキストを読んで、内容が理解できるかを問う
		5 内容理解（中文）	日常的な話題・場面を題材にやさしく書き下ろした450字程度のテキストを読んで、内容が理解できるかを問う
		6 情報検索	案内やお知らせなど書き下ろした400字程度の情報素材の中から必要な情報を探し出すことができるかを問う
聴解		1 課題理解	まとまりのあるテキストを聞いて、内容が理解できるかどうかを問う（具体的な課題解決に必要な情報を聞き取り、次に何をするのが適当か理解できるかを問う）
		2 ポイント理解	まとまりのあるテキストを聞いて、内容が理解できるかどうかを問う（事前に示されている聞くべきことをふまえ、ポイントを絞って聞くことができるかを問う）
		3 発話表現	イラストを見ながら、状況説明を聞いて、適切な発話が選択できるかを問う
		4 即時応答	質問などの短い発話を聞いて、適切な応答が選択できるかを問う

N5 大問のねらい

試験科目	問題の構成		
		大問	ねらい
言語知識	文字・語彙	1 漢字読み	漢字で書かれた語の読み方を問う
		2 表記	ひらがなで書かれた語が、漢字・カタカナでどのように書かれるかを問う
		3 文脈規定	文脈によって意味的に規定される語が何であるかを問う
		4 言い換え類義	出題される語や表現と意味的に近い語や表現を問う
言語知識・読解	文法	1 文の文法1（文法形式の判断）	文の内容に合った文法形式かどうかを判断することができるかを問う
		2 文の文法2（文の組み立て）	統語的に正しく、かつ、意味が通る文を組み立てることができるかを問う
		3 文章の文法	文章の流れに合った文かどうかを判断することができるかを問う
	読解	4 内容理解（短文）	学習・生活・仕事に関連した話題・場面の、やさしく書き下ろした80字程度のテキストを読んで、内容が理解できるかを問う
		5 内容理解（中文）	日常的な話題・場面を題材にやさしく書き下ろした250字程度のテキストを読んで、内容が理解できるかを問う
		6 情報検索	案内やお知らせなど書き下ろした250字程度の情報素材の中から必要な情報を探し出すことができるかを問う
聴解		1 課題理解	まとまりのあるテキストを聞いて、内容が理解できるかどうかを問う（具体的な課題解決に必要な情報を聞き取り、次に何をするのが適当か理解できるかを問う）
		2 ポイント理解	まとまりのあるテキストを聞いて、内容が理解できるかどうかを問う（事前に示されている聞くべきことをふまえ、ポイントを絞って聞くことができるかを問う）
		3 発話表現	イラストを見ながら、状況説明を聞いて、適切な発話が選択できるかを問う
		4 即時応答	質問などの短い発話を聞いて、適切な応答が選択できるかを問う

出典　日本語能力試験公式ウェブサイト（http://www.jlpt.jp/）

合格・不合格はどのように決まるのか

●合格・不合格の判定

・合格するためには、
  ① 総合得点が合格点以上であること
  ② 各得点区分（言語知識・読解・聴解）の得点が、それぞれ基準点以上であること

以上の①②が必要です。これは、バランスよく総合的な日本語の力を判定するためです。

・一つでも基準点に達していない得点区分があると、総合得点が合格点以上であっても不合格になります。

・また、受験しない試験科目があると、合否判定は不合格となります。

●各レベルの合格点と基準点

レベル	総合得点		得点区分別得点					
			言語知識（文字・語彙・文法）		読解		聴解	
	得点の範囲	合格点	得点の範囲	基準点	得点の範囲	基準点	得点の範囲	基準点
N1	0～180点	100点	0～60点	19点	0～60点	19点	0～60点	19点
N2	0～180点	90点	0～60点	19点	0～60点	19点	0～60点	19点
N3	0～180点	95点	0～60点	19点	0～60点	19点	0～60点	19点

レベル	総合得点		得点区分別得点			
			言語知識（文字・語彙・文法）・読解		聴解	
	得点の範囲	合格点	得点の範囲	基準点	得点の範囲	基準点
N4	0～180点	90点	0～120点	38点	0～60点	19点
N5	0～180点	80点	0～120点	38点	0～60点	19点

出典　日本語能力試験公式ウェブサイト（http://www.jlpt.jp/）

●尺度得点（得点等化）とは

試験問題には難しい問題、易しい問題があり、受験する回ごとに難易度をまったく同じにすることは困難です。そこで、日本語能力試験では、どの回の試験を受けても、同じ能力であれば同じ得点になるように、尺度得点を利用します。

尺度得点を利用することによって、試験の得点が、問題の難易度の影響を受けることをなくします。また、何度も同じレベルの試験を受ける人は、前の試験と比べて、どのくらい能力が伸びたかがわかります。

試験の結果

●結果はどのように通知されるか

- 日本国内で受験した人には日本国際教育支援協会から、海外で受験した人には各実施機関を通じて、合格か不合格かが通知されます。
- 受験者全員に「合否結果通知書」が発行されます。
- 希望者には「日本語能力試験認定結果及び成績に関する証明書」が発行されます。

この本の使い方

時間を区切って、問題をやってみよう

- 静かな部屋でやってください。
- 別冊に解答用紙（マークシート式）があります。解答用紙はコピーして使ってください。
- 解答用紙は、「言語知識（文字・語彙）」用、「言語知識（文法）・読解」用、「聴解」用の3つがあります。
- 解答用紙に、本番と同じように答えを記入しながら、問題を解いてください。
- 本番と同じ気持ちでやってください。
- 時間は以下の通りです。

N4の場合	
言語知識（文字・語彙）	30分
休憩	30分
言語知識（文法）・読解	60分
休憩	30分
聴解	35分

N5の場合	
言語知識（文字・語彙）	25分
休憩	30分
言語知識（文法）・読解	50分
休憩	30分
聴解	30分

- N4、N5では、試験科目は3つに分かれています。
- 「言語知識（文法）・読解」は、長時間になりますが、時間を守って集中して解いてください。
- 「聴解」も、実際の時間に合わせてありますから、途中でCDを止めずにやってください。

問題を解いたら、別冊の解答を見て、答え合わせをしよう

- 解答は、別冊の以下のページにあります。
  - N4　第1回　16ページ　　第2回　17ページ
  - N5　第1回　18ページ　　第2回　19ページ

以下の計算方法にそって、自分で合否判定をしてみよう

実際の得点（尺度得点）は、統計的テスト理論に基づいて、受験者一人一人の「解答のパターン」を調べて、複雑な方法で算出されます。ここでは、下の式に当てはめて、だいたいの得点を計算してください。

N4、N5では、試験科目は「言語知識（文字・語彙）」「言語知識（文法）・読解」「聴解」の3つですが、得点区分は、「言語知識（文字・語彙・文法）・読解」「聴解」の2つです。

【N4の場合】

問題数：この本では
- 言語知識（文字・語彙・文法）・読解は70問
- 聴解は28問

ですから、

言語知識・読解　120 ×（あなたが正解した数）÷ 70 ＝

聴解　60 ×（あなたが正解した数）÷ 28 ＝

【N5の場合】

問題数：この本では
- 言語知識（文字・語彙・文法）・読解は67問
- 聴解は24問

ですから、

言語知識・読解　120 ×（あなたが正解した数）÷ 67 ＝

聴解　60 ×（あなたが正解した数）÷ 24 ＝

この結果を、記録票に書こう

- 記録票は168〜171ページにあります。

【記録票の書き方の例　N5の場合】

正解の数：言語知識44問、読解4問、聴解7問の場合

言語知識・読解　　120 × 48 ÷ 67 = 85.9

聴　解　　　　　　60 × 7 ÷ 24 = 17.5

第1回　模擬テスト（例　N5の場合）

実施日	総合得点 （合格点は80点）	得点区分別得点		合格・不合格	自分の記録（反省点など）
		言語知識・読解 （38点以下は不合格）	聴解（19点以下は不合格）		
10/8	103.4 ／180	85.9 ／120	17.5 ／60	不合格	聴解が早くて聴き取れなかった。読解は時間が足りなかった。 間違えた言葉：○○、●●
	／180	／120	／60		
	／180	／120	／60		

この場合は、総合得点は合格点ですが、聴解の得点が基準点以下なので、不合格になります。

- 自分の間違えたところや、わからなかった言葉を、記録票（168〜171ページ）に記入してください。なるべく、細かく記録を残しておきましょう。
- 間違えたところや、わからなかった言葉は、勉強しなおして、次回には、同じところを、二度と間違えないようにしましょう。

自分の弱点を分析しよう

- この「記録票」を見ながら、自分の弱点を知ることが大事です。
- 一つでも基準点以下の得点区分があると、総合得点が合格点以上でも、不合格になってしまいます。自分の弱いところ（この例では聴解）を、集中的に勉強しましょう。

どんな勉強をすればいいのか

- 間違えたところや、わからなかった言葉は、すぐに、辞書などで確認してください。

【言語知識（文字・語彙・文法）が苦手だったら】
- ほかの練習問題集で、似た問題を探してやってみてください。
- 正解の言葉だけでなく、選択肢の中に、知らない言葉があったら、辞書で調べましょう。そして、その言葉と正解の言葉の違いを確認しておきましょう。

【読解が苦手だったら】
- 間違えた原因はどこにあるのか、分析しましょう。
- 間違えたのは、文法なのか、語彙なのか、自分で確認することが大事です。

【聴解が苦手だったら】
- 読解と同じように、間違えた原因を分析してください。
- 何度も繰り返して聞いて、確認しましょう。それでもわからない場合は、スクリプトを見ながら聞いてください。
- 自然な速度に慣れるよう、何度も聞いて練習してください。
- 問題を聞きながら、必要なことをメモする練習をしましょう。
- 聴解では、問題がどんどん進んでいきます。わからなかった問題のことはいつまでも考えていないで、次の問題に集中するよう、訓練しましょう。

- 模擬テストは、何度も繰り返して、やってみましょう。同じ回のものを続けてやるより、第1〜2回をやってから、また第1〜2回をやってみるほうが効果的です。
- N4を受験する人は、N5を練習としてやってみましょう。
- N5を受験する人は、N4にも挑戦してみましょう。

日本語能力試験　スーパー模試　N4
第1回

N4　だい1かい

げんごちしき（もじ・ごい）
（30ぷん）

もんだい1　＿＿＿＿の　ことばは　ひらがなで　どう　かきますか。
1・2・3・4から　いちばん　いい　ものを　ひとつ　えらんで　ください。

1　あした　試験が　あります。
1　しけん　　　2　じっけん　　　3　しつけん　　　4　じけん

2　わたしは　冬が　すきです。
1　はる　　　　2　なつ　　　　　3　あき　　　　　4　ふゆ

3　ここは　空気が　わるいですね。
1　くき　　　　2　くうけ　　　　3　くうき　　　　4　くんき

4　わたしは　運転した　ことが　ありません。
1　うんてん　　2　うんでん　　　3　うんどう　　　4　うんどん

5　もう　一度　いって　ください。
1　いど　　　　2　いちど　　　　3　いかい　　　　4　いっかい

6　ともだちと　会って、ごはんを　たべます。
1　まって　　　2　あって　　　　3　とまって　　　4　たって

7 じこで でんしゃが 動いて いません。
1 ふいて　　2 ひいて　　3 うごいて　　4 ついて

8 あしたの あさ 早く おきます。
1 おそく　　2 おおく　　3 はやく　　4 いそがしく

9 広い いえに すんで います。
1 ひろい　　2 せまい　　3 ふるい　　4 さむい

もんだい2 ＿＿＿＿の ことばは どう かきますか。1・2・3・4
から いちばん いい ものを ひとつ えらんで ください。

10 おかねが たりないから かえません。
1 足りない　　2 有りない　　3 少ない　　4 多りない

11 この ことばの いみが わかりません。
1 以外　　2 意味　　3 以味　　4 意見

12 わたしは にくを たべません。
1 鳥　　2 牛　　3 肉　　4 魚

13 あるいて 会社に いきます。
1 去いて　　2 走いて　　3 元いて　　4 歩いて

14 ちちは ちからが つよいです。
1 安い　　2 不い　　3 京い　　4 強い

15 ちずを もっていって ください。
1 地理　　2 地図　　3 地堂　　4 地台

もんだい3 （　　　）に なにを いれますか。1・2・3・4から
　　　　　いちばん いい ものを ひとつ えらんで ください。

16 こんな たくさんの りょうりを ひとりで たべるのは （　　　）です。
　1 ふべん　　　2 むり　　　3 じゃま　　　4 ひじょう

17 もう 日本の せいかつに （　　　）か。
　1 はらいました　　　　　2 もどりました
　3 なれました　　　　　　4 おりました

18 たくさん たべて、おなかが （　　　）。
　1 いっぱいだ　　2 すいた　　3 こんだ　　4 あんしんだ

19 （　　　）アルバイトを はじめました。
　1 さいきん　　2 しょうらい　　3 いつか　　4 いつも

20 せきが （　　　）から、すわりませんか。
　1 すんだ　　2 あいた　　3 うごいた　　4 かわった

21 たいふうで たくさんの 木が （　　　）。
　1 せわした　　2 すぎた　　3 たおれた　　4 つかまえた

22 やさいを （　　　）きって ください。
　1 こわく　　2 かなしく　　3 ふかく　　4 こまかく

23 ともだちが びょうきなので、(　　　) に いきました。

1　おみまい　　　2　おみやげ　　　3　おいわい　　　4　おまつり

24 だいがくを そつぎょうしても にほんごの べんきょうを (　　　) つもりです。

1　つづける　　　2　すてる　　　3　とどける　　　4　ねむる

25 くるまの (　　　) が あまり ないから、とおくへ いけません。

1　サンダル　　　2　カメラ　　　3　ゼロ　　　4　ガソリン

もんだい4 ＿＿＿＿＿＿の ぶんと だいたい おなじ いみの ぶんが あります。1・2・3・4から いちばん いい ものを ひとつ えらんで ください。

26 オウさんが けっこんすると きいて、びっくりしました。
1 オウさんが けっこんすると きいて、おこりました。
2 オウさんが けっこんすると きいて、よろこびました。
3 オウさんが けっこんすると きいて、おどろきました。
4 オウさんが けっこんすると きいて、しっぱいしました。

27 かとうさんの むすこさんが なくなった そうです。
1 かとうさんの むすこさんが みつかったそうです。
2 かとうさんの むすこさんが うまれたそうです。
3 かとうさんの むすこさんが しんだそうです。
4 かとうさんの むすこさんが いないそうです。

28 あした リーさんに あやまります。
1 あした リーさんに 「ありがとう」と いいます。
2 あした リーさんに 「ごめんなさい」と いいます。
3 あした リーさんに 「おねがいします」と いいます。
4 あした リーさんに 「おだいじに」と いいます。

29 ともだちが おみやげを くれました。
1 わたしは ともだちに おみやげを かいました。
2 わたしは ともだちに おみやげを もらいました。
3 わたしは ともだちに おみやげを あげました。
4 ともだちは わたしに おみやげを もらいました。

30 やくそくした　じかんに　まにあいませんでした。
1 やくそくした　じかんに　いけませんでした。
2 やくそくしたのに　ともだちは　きませんでした。
3 やくそくしたのに　わたしは　いきませんでした。
4 やくそくした　じかんを　しりませんでした。

もんだい5　つぎの　ことばの　つかいかたで　いちばん　いい　ものを
　　　　　　1・2・3・4から　ひとつ　えらんで　ください。

31 ぬる
1　パソコンを　水で　ぬって　しまった。
2　はがきに　きってを　ぬって　出した。
3　つかれたから　ちょっと　ぬりましょう。
4　へやの　かべを　あかに　ぬった。

32 たいいん
1　しけんに　おちて　大学を　たいいんした。
2　びょうきが　なおって　たいいんした。
3　65さいに　なって　かいしゃを　たいいんした。
4　びょういんで　かみを　みじかく　たいいんした。

33 もうすぐ
1　もうすぐ　なつやすみだから　よていを　たてておこう。
2　じこです。もうすぐ　けいさつを　よんで　ください。
3　きゅうに　はが　いたくなったから、もうすぐ　はいしゃに　いった。
4　けんかしたから　かのじょに　もうすぐ　あいたくない。

34 ようじ
1　ようじが　わるくて、パーティーに　いけませんでした。
2　ようじが　あって、パーティーに　いけませんでした。
3　ようじが　なくて、パーティーに　いけませんでした。
4　ようじを　もらって、パーティーに　いけませんでした。

35 はっきり

1 あさごはんを はっきり たべました。

2 つかれていたから、はっきり かえりました。

3 もっと はっきり いって ください。

4 もうすぐ でんしゃが くるから はっきりしよう。

N4 第1回

言語知識（文法）・読解
（60分）

もんだい1 （　　）に 何を 入れますか。1・2・3・4から いちばん いい ものを 一つ えらんで ください。

1　わたしは 大学を 出たら、大きい 会社に 入って、家族（　　）安心させたい。

　　1　が　　　　2　と　　　　3　で　　　　4　を

2　A「かわいい スカートですね。」
　　B「ええ、友だち（　　）くれたんです。」

　　1　に　　　　2　が　　　　3　を　　　　4　で

3　先月は 恋人の 誕生日が あったから、10万円（　　）使って しまいました。

　　1　も　　　　2　が　　　　3　しか　　　4　まで

4　A「きれいな 部屋ですね。ホテルの（　　）部屋ですね。」
　　B「そうですか。ありがとうございます。」

　　1　ような　　2　ように　　3　みたい　　4　みたいに

5 朝は たいてい コーヒーを 飲みますが、ときどき 紅茶を （　　　） ことが あります。
1 飲み　　　2 飲んだ　　　3 飲んで　　　4 飲む

6 A「だめですよ。ここには 車を （　　　）と 書いて ありますよ。」
　B「あ、本当ですね。じゃ、スーパーの 駐車場に とめましょう。」
1 とめない　　2 とめるな　　3 とめて　　4 とめる

7 午後から 雨ですから、かさを 持って （　　　） ほうが いいですよ。
1 あげた　　2 きいた　　3 いった　　4 みた

8 A「どうして その アパートに 引っ越したんですか。」
　B「駅から （　　　）、家賃も 安いからです。」
1 近いし　　2 近いか　　3 近いで　　4 近いに

9 どんなに （　　　） 最後まで がんばります。
1 大変くても　　　　　　2 大変だっても
3 大変でも　　　　　　　4 大変かっても

10 たばこを （　　　）、あちらの 席で 吸って ください。
1 吸ったら　　2 吸えば　　3 吸うなら　　4 吸うと

11 こちらの 紙に ご住所と お名前を お（　　　） ください。
1 書いて　　2 書き　　3 書く　　4 書け

12 10年前、その 絵を いくらで （　　　）、覚えて いますか。
1 買うか　　2 買った　　3 買って　　4 買ったか

13 駅で 電車に （　　　） とした ときに、かばんが ない ことに 気が ついた。
　　1 乗れる　　　2 乗ろう　　　3 乗り　　　4 乗れ

14 ひとりで さびしかったので、友だちが （　　　） うれしかった。
　　1 来てくれて　2 来られて　　3 来てもらって　4 来させて

15 A「さっき、駅で リンさんを 見ましたよ。」
　　B「それは、リンさんでは ありません。リンさんは 国に 帰りましたから、ここに いる （　　　） でしょう。」
　　1 こと　　　2 ことが ない　3 はず　　　4 はずが ない

もんだい2　★ に 入る ものは どれですか。1・2・3・4から いちばん いい ものを 一つ えらんで ください。

(問題例)
つくえの ＿＿＿ ＿＿＿ ★ ＿＿＿ あります。
　　1 本　　　2 上　　　3 が　　　4 に

(答え方)
1. 正しい 文を 作ります。

つくえの ＿＿＿ ＿＿＿ ★ ＿＿＿ あります。
　　　　　2 上　4 に　1 本　3 が

2. ★ に 入る 番号を 黒く 塗ります。
（解答用紙）　（例）● ② ③ ④

16 朝から 晩 ＿＿ ＿＿ ★ ＿＿ いないで、勉強しなさい。
 1 テレビ　　 2 見て　　 3 ばかり　　 4 まで

17 リンさんは、会社の 仕事で、＿＿ ＿＿ ★ ＿＿ と 言って いました。
 1 なった　　 2 行く　　 3 大阪に　　 4 ことに

18 パーティーで ＿＿ ＿＿ ★ ＿＿ どうか わからない。
 1 歌う　　 2 が　　 3 マリアさん　　 4 か

19 山田さんの ＿＿ ★ ＿＿ ＿＿ 古くないです。
 1 カメラは　　 2 使っている　　 3 わたしの　　 4 ほど

20 リンさんは、来月 ＿＿ ★ ＿＿ ＿＿ 行きたい そうです。
 1 家の 近くの　　 2 国へ　　 3 公園へ　　 4 帰ったら

もんだい3　　21　から　25　に　何を　入れますか。文章の　意味を　考えて、1・2・3・4から　いちばん　いい　ものを　一つ　えらんで　ください。

これは　リンさんから　日本語学校の　先生への　メールです。

山田先生

先生、こんばんは。リンです。
今、△△大学から　家に　　21　　です。
電車の　中で　この　メールを　書いて　います。

午前は　日本語の　試験、午後は　大学の　先生と　一人ずつ　話を　しました。
日本語の　試験は、読んで　答える　問題　　22　　で、漢字や　ぶんぽうの　問題は　ありませんでした。
午後は　田中先生と　いう　先生と　話を　しました。
この　大学に　入りたい　りゆうや、しょうらい　どんな　仕事が　したいか　などを　質問　されました。
山田先生と　いっしょに　　23　　練習したのに、どれくらい　アルバイトを　する　つもりかは　　24　　。

△△大学に　入れるか　どうかは、来月　10日に　わかります。
わかったら　また　　25　　思います。

リン

21
1 帰った ところ
2 帰る ところ
3 帰って きた ところ
4 帰って きて いる ところ

22
1 から　　2 ため　　3 ので　　4 ばかり

23
1 こんなに　2 そんなに　3 あんなに　4 どんなに

24
1 聞けました
2 聞かれました
3 聞けませんでした
4 聞かれませんでした

25
1 ごれんらくして いただきたいと
2 ごれんらく させて いただきたいと
3 ごれんらくして あげたいと
4 ごれんらくして もらいたいと

もんだい4 つぎの（1）から（4）の文章を読んで、質問に答えてください。
答えは、1・2・3・4から、いちばんいいものを一つえらんでください。

（1）
　最近、日本ではコンビニを利用する人がふえました。コンビニには、せっけんなど毎日の生活で使うもの、野菜や牛乳やすぐに食べられるものがおいてあるから、べんりです。日本には、年をとった人や一人で住んでいる人、おっともつまもはたらいている家族が多くなりました。その人たちが、とおくのスーパーで安いものをたくさん買うより、ひつようなものだけをかんたんに買える店へ行ったほうがいいと考えるようになったのです。

26 どうしてコンビニを利用する人がふえましたか。
1　安いものしか買いたくない人が多いから
2　スーパーよりコンビニのほうが安いから
3　使うものだけ買いたい人がふえたから
4　コンビニには食べ物がおいてあるから

（2）

　仕事のやり方はみんなちがいます。会社にはバリバリ型とコツコツ型のどちらのタイプの人がひつようなのでしょうか。いつもわらって、いっしょうけんめいバリバリがんばる人がいると、会社が明るくなるから、バリバリ型の人はとても大切です。でも、会社はおもしろいところで、同じタイプの人だけが集まっても、いい会社はできません。だから、何も言わないで一人でしずかにコツコツ仕事をする人も大切にしなければなりません。

27 いい会社を作るには、どのような人がひつようですか。

1　バリバリ型の人とコツコツ型の人
2　おもしろいタイプの人
3　バリバリ型の人だけ
4　同じタイプの人だけ

(3)

＜ＴＦ野球チームのみなさんへ＞

　次の練習は南運動場でおこないます。南運動場は野田市の運動場です。規則があるので注意してください。

　その日、運動場入り口の駐車場は使えません。もし車で来るときは、近くのコインパーキング（1時間200円の駐車場）を使ってください、近くの道にはとめないこと。近所の人がこまります。

28 車で練習に行く人はどうしたらいいですか。
1　近所の人におねがいして、近くの道に車をとめる。
2　近くのコインパーキングに車をとめる。
3　南運動場の使っていないところに車をとめる。
4　お金をはらって、運動場入り口の駐車場に車をとめる。

（４）

　パンダは中国の高い山の中にいて、毛の色が白と黒にはっきりとわかれているめずらしい動物として知られている。そのパンダが２頭、去年の４月、この動物園にやってきた。パンダは竹しか食べないと言われているが、ここでは何を食べているのだろう。この動物園では１日に20kgから30kgの竹を食べさせていて、そのほかにニンジンやリンゴなども３回から４回食べさせるそうだ。

29 この動物園ではパンダは何を食べていますか。
1 竹も食べるが、ニンジンやリンゴなども食べている。
2 竹は食べないが、ニンジンやリンゴなどを食べている。
3 ニンジンやリンゴなどもあげているが、竹しか食べない。
4 ニンジンやリンゴは食べないが、竹は20kgから30kg食べている。

もんだい5　つぎの文章を読んで、質問に答えてください。答えは、1・2・3・4から、いちばんいいものを一つえらんでください。

　30年ぐらい前、日本では、男性は60さいまで一つの会社につとめるのがふつうだった。そして、女性はけっこんしたり、子どもをうんだりしたら仕事をやめるのがふつうだった。つまが仕事をしなくても、おっとが会社からもらうお金があれば、家族みんながじゅうぶんに生活できたからだ。
　お金のしんぱいをしないで家族が安心して生活できたのは、とてもいい時代だったと思う。今のように、日本のけいざいが悪くなり、仕事でもらうお金が少なくなったり、仕事がなくなったりする時代とくらべると、ずっといいと思う。
　でも、そのころは、仕事がすきで、男性のようにはたらきたいと思っていた女性には、いやな時代だったらしい。
　今は、おっとが仕事でもらうお金だけでは生活できなくなってきたので、女性は、けっこんしてからも仕事をつづけるようになった。すると、今度は、むかしとはんたいの考えの人がふえてきた。わかい女性は、けっこんしたら家にいて、子どもをそだてながら仕事以外のことでがんばりたいと考えるようになり、わかい男性は、自分も家の仕事をてつだうから、女性にもずっとはたらいてほしいと思うようになってきたのだ。

[30] どうして、①とてもいい時代だったと思っているのですか。
1 男性が家の仕事をてつだうのがふつうだったから
2 お金のしんぱいをしないで家族が安心して生活できたから
3 仕事のすきな女性は男性のようにはたらくことができたから
4 仕事でもらえるお金が少なくなっても、仕事はなくならなかったから

[31] ②そのころは、どんな時代でしたか
1 おっとだけがはたらけば、家族みんなが生活できた時代
2 今よりも日本のけいざいが悪くて、女性の仕事がなかった時代
3 女性も60さいまで一つの会社につとめるのがふつうだった時代
4 男性も女性も、仕事でもらえるお金が少なくなってしまった時代

[32] 仕事がすきな女性は、30年前、どう思っていましたか。
1 家族にお金のしんぱいをさせないために仕事がしたい
2 子どもがうまれたら、仕事をやめて家の仕事をしたい
3 おっとは、もっとお金がもらえるようにがんばってほしい
4 仕事がすきなのに、男性のようにはたらけなくてざんねんだ

[33] 今は、どんな考えのわかい女性がふえていますか。
1 外ではたらくよりも、家の仕事をしたい
2 家の仕事をするよりも、外ではたらきたい
3 女性が外ではたらけるように、男性は家の仕事をてつだってほしい
4 男性は、同じ会社ではたらく女性をもっと大切にしてほしい

もんだい6　右のページの「留学生のための日本文化教室」の案内を見て、質問に答えてください。答えは、1・2・3・4から、いちばんいいものを一つえらんでください。

[34] 日本語学校に通っているマリアさんは、学校が休みの日に日本の文化を習いたいと思っています。学校は土曜日と日曜日が休みです。少しでも安いほうがいいです。どの教室がいちばんいいですか。

1　いけ花
2　日本料理のマナー
3　着物の着付け
4　すし作り

[35] 日本の大学で勉強しているアレンさんは、平日の夕方、大学の帰りに何か習いたいと思っています。大学の授業は平日5時までです。アレンさんの趣味は料理で、日本の料理を作れるようになりたいと思っています。どの教室がいちばんいいですか。

1　いけ花
2　日本料理のマナー
3　すし作り
4　天ぷら作り

留学生のための日本文化教室
やさしい日本語で教えます！

	内容	曜日・時間	費用
いけ花	初めての人でも安心！日本の伝統的な美しいいけ花をやってみませんか。	月曜／木曜 19:00～20:00	800円
日本料理のマナー	日本料理の正しい食べ方を教えます！おいしい料理を食べながら日本文化を勉強しませんか。	金曜 18:30～20:30	2500円
着物の着付け ～ひとりで浴衣を着てみよう～	浴衣を使って、かんたんな着物の着方を教えます。	火曜／水曜 18:30～20:30 土曜 16:00～18:00	無料
すし作り ～巻き寿司を作ろう～	ひとりでもかんたんに作れる巻き寿司の作り方を教えます。	日曜 10:00～12:00	2000円
天ぷら作り	野菜と魚の天ぷらを作ってみましょう。	月曜／水曜 18:00～19:00	700円

注：無料…お金はかかりません

N4 第1回
聴解
（35分）

もんだい1

もんだい1では、まず しつもんを 聞いて ください。それから 話を 聞いて、もんだいようしの 1から4の 中から、いちばん いい ものを 一つ えらんで ください。

1ばん

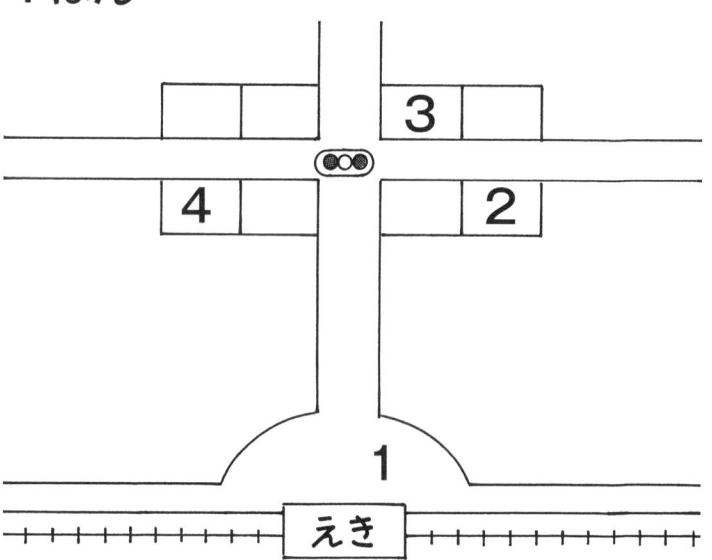

2ばん

1 パンや　　　2 しょくどう

3 そと　　　　4 きょうしつ

3ばん

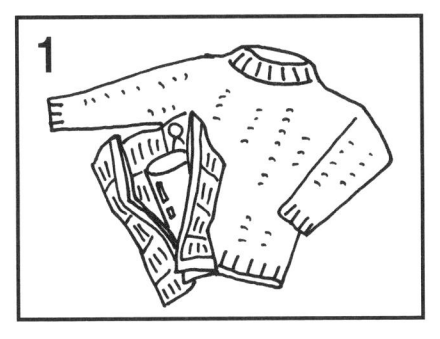

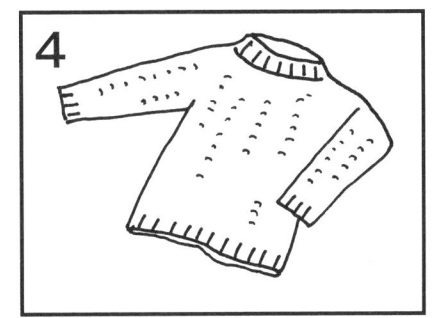

4ばん

5ばん

1 かいぎに 行く
2 みんなに れんらく する
3 おんなの 人に でんわを する
4 おんなの 人に メールを する

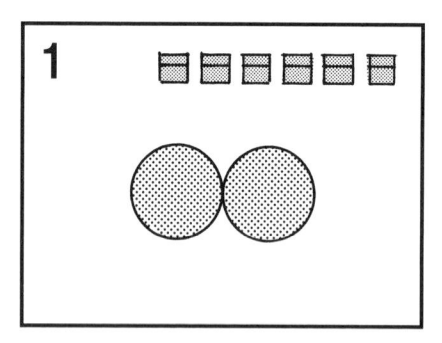

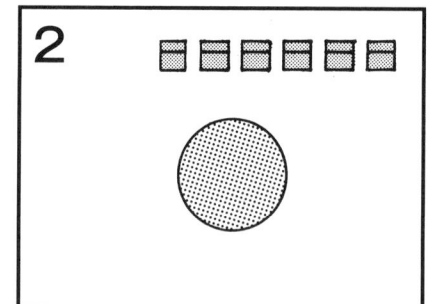

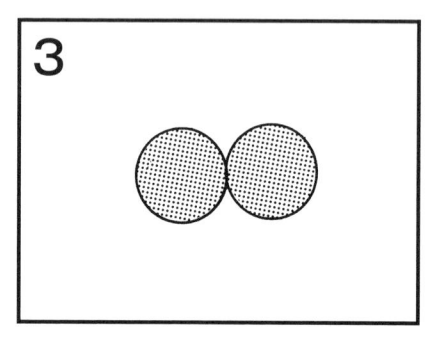

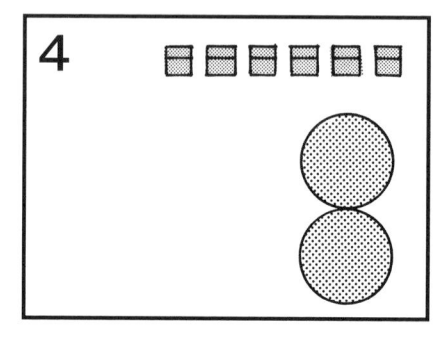

6ばん

7ばん

1 たむらさんに わたす
2 たむらさんに かりる
3 本を 読む
4 おんなの 人に かえす

8ばん

もんだい2

もんだい2では、まず しつもんを 聞いて ください。そのあと、もんだいようしを 見て ください。読む 時間が あります。それから 話を 聞いて、もんだいようしの 1から4の 中から、いちばん いい ものを 一つ えらんで ください。

1ばん

1 はな
2 くだもの
3 のみもの
4 本

2ばん

1 字が きたないから
2 くろい ペンで 書いたから
3 あおい ペンで 書いたから
4 時間に おくれたから

3ばん

1　くうこうに　行く
2　フランスに　行く
3　ひっこしする
4　メールする

4ばん

1　おんなの　人
2　おとこの　人
3　やまださん
4　なかむらさん

5ばん

1　おてらの　ものに　さわる
2　スリッパを　入り口に　おく
3　中で　しゃしんを　とる
4　くつを　持って　あるく

6ばん

1 しょくじに 行く
2 ほしいものを 買う
3 りょこうに 行く
4 プレゼントを 買う

7ばん

1 べんとうを 食べるから
2 仕事を するから
3 かいぎに 出るから
4 ひとりで 食べたいから

もんだい3

もんだい3では、えを 見ながら しつもんを 聞いて ください。
➡（やじるし）の 人は 何と 言いますか。1から3の 中から、いちばん いい ものを 一つ えらんで ください。

1ばん

2ばん

3ばん

4ばん

5ばん

もんだい4

もんだい4では、えなどが ありません。まず ぶんを 聞いて ください。それから、そのへんじを 聞いて、1から3の 中から、いちばん いい ものを 一つ えらんで ください。

―メモ―

1ばん

2ばん

3ばん

4ばん

5ばん

6ばん

7ばん

8ばん

日本語能力試験　スーパー模試　N4

第2回

N4　だい2かい

げんごちしき（もじ・ごい）
（30ぷん）

もんだい1　＿＿＿＿＿＿の ことばは ひらがなで どう かきますか。
　　　　　1・2・3・4から いちばん いい ものを ひとつ えらんで
　　　　　ください。

1 きのう 近くで かじが ありました。
　1　ちかく　　　2　とおく　　　3　ふとく　　　4　おそく

2 やましたさんは 英語が はなせます。
　1　えいご　　　2　えご　　　　3　いんご　　　4　いいご

3 この こたえを 考えて ください。
　1　おしえて　　2　おぼえて　　3　かんがえて　4　かえて

4 世界を りょこうしたいです。
　1　せいかい　　2　せっかい　　3　せいかん　　4　せかい

5 じかんが ありませんから、急いで ください。
　1　あるいで　　2　いそいで　　3　おそいで　　4　せいで

6 しけんの 教室を まちがえました。
　1　きょうしつ　2　きょうし　　3　きょしつ　　4　きょしつう

7 やまもとさんは コンビニの 店員です。
 1 てんちょう　　2 てんいん　　3 しゃいん　　4 しゃちょう

8 わたしの 姉は 25さいです。
 1 いもうと　　2 あに　　3 あね　　4 おとうと

9 ともだちが かばんを 作って くれました。
 1 かって　　2 もって　　3 とって　　4 つくって

もんだい2 ＿＿＿＿の ことばは どう かきますか。1・2・3・4
　　　　　から いちばん いい ものを ひとつ えらんで ください。

10 あの 人は わるい 人では ありません。
 1 悪い　　2 野い　　3 重い　　4 別い

11 あした 7じに おきる つもりです。
 1 起きる　　2 走きる　　3 屋きる　　4 着きる

12 ペンを かして ください。
 1 借して　　2 買して　　3 持して　　4 貸して

13 きってを かってきて ください。
 1 来手　　2 切手　　3 切紙　　4 手紙

14 なにか しつもんは ありませんか。
 1 質門　　2 質間　　3 質問　　4 質開

15 きのうは よる 8じに ねました。
 1 昼　　2 夜　　3 朝　　4 明

もんだい3 （　　）に なにを いれますか。1・2・3・4から いちばん いい ものを ひとつ えらんで ください。

16 テストが おわる ときには （　　）が なります。
　1 ビル　　　　2 ジャム　　　　3 ベル　　　　4 テキスト

17 まどの ガラスが （　　）しまいました。
　1 よって　　　2 われて　　　　3 おれて　　　4 ひらいて

18 日が （　　）から、いえへ かえりましょう。
　1 くれた　　　2 なくした　　　3 おくれた　　4 にげた

19 あしたは ちょっと （　　）が わるいんです。
　1 つごう　　　2 はんたい　　　3 じゆう　　　4 りゆう

20 （　　）が かわいたから、ジュースを のもう。
　1 こえ　　　　2 かみ　　　　　3 てんき　　　4 のど

21 よる ひとりで くらい みちを あるくのは （　　）だ。
　1 しんせつ　　2 るす　　　　　3 べんり　　　4 きけん

22 びょうきに なったので、（　　）会社を やすみます。
　1 さいしょに　2 ほど　　　　　3 しばらく　　4 さきに

23 そとで たくさんの 人が (　　　)います。何か あったんでしょうか。
　1　さわって　　　2　さわいで　　　3　ふんで　　　4　なげて

24 かわむらさんから でんわが あったことを たなかさんに (　　　)。
　1　つたえた　　　2　おこした　　　3　おもった　　　4　くらべた

25 がいこくじんの ともだちに とうきょうを (　　　)しました。
　1　けんきゅう　　2　あんない　　　3　ようい　　　4　りよう

もんだい4 ＿＿＿＿＿の ぶんと だいたい おなじ いみの ぶんが
あります。1・2・3・4から いちばん いい ものを ひとつ
えらんで ください。

26 あの人の なまえを わすれて しまいました。

1 あの人の なまえを おもいだしました。
2 あの人の なまえを おぼえています。
3 あの人の なまえを おぼえていません。
4 あの人の なまえを きいたことが ありません。

27 たなかさんが がっこうを やすむのは めずらしいです。

1 たなかさんは ほとんど がっこうを やすみません。
2 たなかさんは よく がっこうを やすみます。
3 たなかさんは あまり がっこうに きません。
4 たなかさんは ときどき がっこうに きます。

28 しゃちょうが こうじょうに おいでになりました。

1 しゃちょうが こうじょうに うかがいました。
2 しゃちょうが こうじょうに いらっしゃいました。
3 しゃちょうが こうじょうに なさいました。
4 しゃちょうが こうじょうに まいりました。

29 わたしの かわりに おとうとが パーティーに いきました。

1 わたしは おとうとと いっしょに パーティーに いきました。
2 わたしが パーティーに いけなかったから、おとうとが いきました。
3 おとうとが パーティーに いったから わたしは かえりました。
4 おとうとが パーティーに いけなかったから、わたしが いきました。

30 さとうさんの へやは よごれています。

1 さとうさんの へやは しまっています。
2 さとうさんの へやは こわれています。
3 さとうさんの へやは さびしいです。
4 さとうさんの へやは きたないです。

もんだい5　つぎの　ことばの　つかいかたで　いちばん　いい　ものを
　　　　　1・2・3・4から　ひとつ　えらんで　ください。

31 てつだう
1　子どもが　川に　おちたので、てつだって　あげた。
2　つかれたとき、おんがくを　きくと　きもちが　てつだう。
3　わからない　ことばを　じしょで　てつだう。
4　ともだちが　てつだって　くれたので、しごとが　はやく　おわった。

32 きぶん
1　せんせいに　しかられて、きぶんが　かなしい。
2　きぶんが　さむいから　かぜを　ひいた。
3　あたまも　いたいし、きぶんも　わるい。
4　あの　人は　きぶんの　みじかい　人だ。

33 ふくざつ
1　かんじは　かたちが　ふくざつで　なかなか　おぼえられない。
2　へやが　ふくざつで　きたないから、そうじを　した。
3　この　やさいを　ふくざつに　きってから、やいて　ください。
4　うちへ　かえってから　べんきょうした　ことを　ふくざつしました。

34 そろそろ
1　この　まちでは　子どもが　そろそろ　へっている。
2　そろそろ　しょくじの　じかんですね。
3　そろそろ　来てくれて、ありがとう。
4　ゆきが　そろそろ　ふっている。

[35] しゅうかん

1 がいこくの しゅうかんに なれるのは じかんが かかる。
2 会社で たばこを すっては いけない しゅうかんが ある。
3 わたしの しゅうかんは がいこくの きってを あつめることだ。
4 あたらしい しゅうかんを ならったから ふくしゅうしなければ ならない。

N4 第2回
言語知識（文法）・読解
（60分）

もんだい1　（　　　）に　何を　入れますか。1・2・3・4から　いちばん　いい　ものを　一つ　えらんで　ください。

1 外で、変な　音（　　　）しますよ。ちょっと　見てきて　ください。
1　が　　　　2　を　　　　3　に　　　　4　で

2 A「あした　アルバイトは　何時に　終わりますか。」
B「たぶん、7時（　　　）終わると　思います。」
1　まで　　　2　までに　　3　から　　　4　を

3 A「山川さんは　来月、引っ越しする（　　　）ですよ。」
B「あ、その話、わたしも　聞きました。本当なんですか。」
1　つもりだ　　2　こと　　3　ばかり　　4　らしい

4 A「さっき　冷蔵庫に　入れて（　　　）ビールは　もう　冷えて　いますか。」
B「いいえ、まだです。」
1　ある　　　2　いる　　　3　おいた　　4　した

5 となりの　部屋から　テレビの　音が　聞こえる。だれか　いる（　　　）。
1　ようだ　　2　そうだ　　3　わけだ　　4　ものだ

6 わたしが 病気の とき、友だちに 薬を 買ってきて （　　　）。
1　あげた　　　2　くれた　　　3　やった　　　4　もらった

7 息子は 学校から 帰ってくると、宿題も （　　　）ずに、遊びに 行って しまった。
1　して　　　2　しない　　　3　せ　　　4　する

8 事故が あったので、いま、その道は （　　　）ませんよ。
1　通り　　　2　通れ　　　3　通られ　　　4　通る

9 おなかが いっぱいなら、全部 （　　　）も かまいませんよ。
1　食べて　　　2　食べ　　　3　食べなくて　　　4　食べない

10 母が 新しい パソコンを （　　　）がって いるので、今日 いっしょに 電気屋に 行く つもりです。
1　買いたい　　　2　買った　　　3　買わ　　　4　買いた

11 A「この ペンは （　　　）ですよ。どうぞ 使ってみて ください。」
B「ああ、いい ペンですね。」
1　書きやすい　　　2　書きにくい　　　3　書くらしい　　　4　書くみたい

12 あしたは （　　　）ので、ハイキングに 行きましょう。
1　休みだ　　　2　休みな　　　3　休み　　　4　休んで

13 A「どうしたんですか。具合が 悪そうですね。」
B「ええ、窓を （　　　）寝て しまって、かぜを ひいて しまったんです。」
1　開けっぱなし　　　　　　2　開けたきり
3　開けたまま　　　　　　　4　開けるだけ

14 (店で)

客　「日曜日に　これを　とどけて　もらえますか。」

店員「はい、お好きな　時間に　お（　　　）します。」

　1　とどけ　　　　2　とどける　　　3　とどけて　　　4　とどけられ

15 頭が　痛くて　熱も　あるので、わたしは　きょうの　会議には

（　　　）。

　1　出られそうも　ない　　　　　　2　出ない　らしい

　3　出なければ　ならない　　　　　4　出たがらない

もんだい2　　★　に　入る　ものは　どれですか。1・2・3・4から
　　　　　　いちばん　いい　ものを　一つ　えらんで　ください。

(問題例)

つくえの　____　____　★　____　あります。

　1　本　　　　　　2　上　　　　　3　が　　　　　　4　に

(答え方)

1．正しい　文を　作ります。

```
つくえの ____ ____ ★ ____ あります。
        2 上  4 に  1 本  3 が
```

2．　★　に　入る　番号を　黒く　塗ります。
　　　　　　　　　　　　(解答用紙)　　(例)　● ② ③ ④

16 きょうは、____ ____ ★ ____ て おなかが 痛いです。
　1 すぎ　　　　2 ケーキ　　　3 を　　　　　4 食べ

17 よく 聞こえません。もういちど、____ ____ ★ ____ いただけませんか。
　1 大きい　　　2 言って　　　3 もっと　　　4 こえで

18 わたしが ____ ____ ★ ____ 、6さいの とき でした。
　1 のは　　　　2 ギターを　　3 習い　　　　4 はじめた

19 だれか ____ ★ ____ ____ いれば、この 映画を 見に 行きたいと 思って います。
　1 人が　　　　2 いっしょ　　3 に　　　　　4 行く

20 ヤンさんが 来たら、____ ★ ____ ____ ください。
　1 くる　　　　2 ように　　　3 言って　　　4 事務所に

もんだい3　 21 　から　 25 　に　何を　入れますか。文章の
　　　　　　意味を　考えて、1・2・3・4から　いちばん　いい　ものを
　　　　　　一つ　えらんで　ください。

　8月に　行われる　オリンピックの　日本代表　マラソン選手に
藤原さん　 21 　えらばれた。藤原さんは、2年前まで　会社の
チームの　中で　練習していた。そのときは、みんなと　同じ　練習を
して、きめられた　試合に　 22 　。自分で　自由に　きめる　ことが
できないのが　いやで、会社を　やめた。　 23 　は、どんな
練習や　食事を　すれば　いいか　一人で　考える　ように　なった。
自分で　考えた　練習が　いいか　どうか　わからない　ことも
あったし、一人で　練習するのは　大変だったが、今は　日本人の　中で
一番　速く　走れる　ように　なった。　 24 　、藤原さんは「世界には
もっと　速い　人たちが　いるから、今のまま　では　だめだ。　 25 　、
もっと　ちがう　練習が　ひつようだ。」と　言っている。

21
1 に   2 が   3 を   4 とか

22
1 出たがって いた
2 出られた かもしれない
3 出させて あげたかった
4 出なければ ならなかった

23
1 会社を やめて から
2 会社を やめる 前に
3 会社を やめたい とき
4 会社を やめようと するとき

24
1 しかし   2 それで   3 そのうえ   4 ところで

25
1 世界で 一番に なれる ためには
2 世界で 一番に する ようには
3 世界で 一番に なる ためには
4 世界で 一番に できる ようには

もんだい4　つぎの（1）から（4）の文章を読んで、質問に答えてください。答えは、1・2・3・4から、いちばんいいものを一つえらんでください。

(1)
　富士山の一番上まで登ったことがありますか。富士山は3776メートルですが、そこには神社があります。富士山に登った人は、まず神社へ行って、神様にあいさつをします。神社の隣には、小さな建物があって、富士山に登った人はそこに泊まることができます。お風呂はありません。また食堂ではカレーやそばを食べることができます。小さな店もあって、お土産を買うことができます。それから、郵便局もあって、手紙を出すことができます。

26 富士山の一番上で、できないことは何ですか。
1　買い物をすること
2　はがきを送ること
3　食事をすること
4　体を洗うこと

(2)

　日本人はよく弁当を食べます。おかあさんの作った弁当も食べるし、コンビニの弁当も食べます。一番人気なのは「駅弁」です。駅弁というのは、ある町の駅やその町を通る電車の中で売っている弁当のことです。駅弁がコンビニの弁当と違うのは、その町の有名な料理が入っていることと、弁当の箱がとてもおもしろい形をしていることです。もちろん値段はそれほど安くありませんが、その町でしか買えません。

27　どうして「駅弁」は、人気があるのですか。
　1　弁当の箱がコンビニの弁当の箱と同じだから
　2　おかあさんの作った弁当のようだから
　3　料理がおいしくて、値段が安いから
　4　その町だけで買える弁当だから

(3)

　日曜日はお菓子工場を見学します。9時10分にさくら川駅西口に集まってください。おくれないように来てください。見学のときは、写真をとってもかまいませんが、カメラを忘れたりなくしたりする人が多いので、注意してください。質問をしたりメモをとったりしてもかまいませんが、説明を聞くときはしずかに聞きましょう。また、見学の後、お菓子を食べさせてもらえますが、のこったお菓子やごみは、かならず持って帰るようにしてください。

28 工場見学で、してはいけないことは何ですか。
1　写真をとる
2　質問をする
3　大きな声で話す
4　お菓子を食べる

(4)

山本さんへ
　先週のお花見では大変ありがとうございました。はじめて日本の桜を見ましたが、上野公園の桜はとてもきれいで、忘れることができません。写真もたくさんとったので、できたらお送りします。また、山本さんが作ってくれたお弁当もとてもおいしかったです。特に卵焼きがおいしかったので、今度、作り方を教えてくださいませんか。来月の山登りも楽しみですね。あした、図書館で山のガイドブックを借りるつもりです。おすすめの本があったら教えてくださいね。
　　　　　　　　　　　　　　　　　　　　　　　　　　　王レイ

[29] 王さんはあした、何をしますか。
1　山本さんに卵焼きの作り方を教える
2　山登りのガイドブックを借りる
3　上野公園で桜を見る
4　山登りに行く

もんだい5　つぎの文章を読んで、質問に答えてください。答えは、1・2・3・4から、いちばんいいものを一つえらんでください。

　わたしたちは、目が悪くなって、ものが見えにくくなったとき、メガネやコンタクトレンズを使う。そうすることで、見えにくいものが見えるようになる。メガネもコンタクトレンズもどちらも目の悪い人には、ひつようなものである。

　しかし、メガネとコンタクトレンズは　①　。

　まず、メガネはかけているから、ほかの人が見たらはっきりわかるが、コンタクトレンズは目の中に入れているので、つけていてもほかの人にはわからない②。

　また、メガネは、運動すると、とれたりおちたりすることがあって、運動しにくいが、コンタクトレンズは、どんなに動いても、そんなこと③はあまりなくて、運動しやすい。しかし、あぶないことがある。コンタクトレンズをつけている目にボールがあたったら、けがをしてしまうこともあるからだ。

　二つのいいところを考えて、わたしは、運動するときはコンタクトレンズを使って、勉強をしたり本を読むときはメガネをかけるようにしている。

30 ① にどんなことばが入りますか。

1 同じだ
2 同じではない
3 どちらもひつようではない
4 どちらか一つだけひつようだ

31 何が②わからないのですか。

1 メガネをかけているかどうか
2 コンタクトレンズをつけていること
3 コンタクトレンズがメガネよりいいこと
4 メガネがコンタクトレンズよりよく見えるかどうか

32 ③そんなことは、どんなことですか。

1 コンタクトレンズがとれたり、おちたりすること
2 メガネがとれたり、おちたりすること
3 コンタクトレンズをつけて運動すること
4 メガネをかけて運動すること

33 この人は、コンタクトレンズはどうだと言っていますか。

1 勉強したり、本を読んだりするのにいい。
2 本を読むときはいいが、運動しにくい。
3 運動はしやすいが、あぶないときもある。
4 運動にもいいし、ぜんぜんあぶなくない。

もんだい6　右のページは、「さくら市体育館の利用案内」と「今月のカレンダー」です。これを見て、質問に答えてください。答えは、1・2・3・4から、いちばんいいものを一つえらんでください。

34 友だち4人でたっきゅうがしたいです。はじめてなので先生に教えてもらいたいです。今日は15日です。いちばん早くできるのはどれですか。
1　第2月曜に西町で
2　第3月曜に東町で
3　第3木曜に西町で
4　第4月曜に西町で

35 友だち12人でバレーボールがしたいです。今日は10日です。一番早くできるのはどれですか。
1　第2土曜に北町で
2　第2土曜に南町で
3　第4土曜に北町で
4　第4土曜に南町で

さくら市体育館利用案内

○料金：おとな200円、小中学生100円。
○くつ以外の道具は借りられます。

たっきゅう

曜日	場所	区分
第1木曜日	西町	グループ★
	東町	一般※
第2月曜日	西町	一般※
	東町	グループ★
第3月曜日	西町	グループ★
	東町	一般
第3木曜日	西町	一般
	東町	グループ★
第4月曜日	西町	一般※

(90分)

バレーボール

曜日	場所	区分
第1土曜日	北町	一般
	南町	グループ★
第2土曜日	北町	グループ★
	南町	一般
第3土曜日	北町	一般※
第4土曜日	北町	一般
	南町	グループ★

(75分)

○10人以上での利用は「グループ」、それ以下での利用は「一般」となります。

★「グループ」は、<u>かならず1週間前までによやくしてください</u>。
　（「一般」は、よやくのひつようはありません。）

※は先生に教えてもらえます。

お問い合わせ：さくら市スポーツ課　TEL：0159-333-××××

今月のカレンダー

日	月	火	水	木	金	土
		1	2	3	4	5	6
7	8	9	10	11	12	13
14	15	16	17	18	19	20
21	22	23	24	25	26	27
28	29	30	31			

N4 第2回

聴解
（35分）

もんだい１

もんだい１では、まず　しつもんを　聞いて　ください。それから　話を　聞いて、もんだいようしの　１から４の　中から、いちばん　いい　ものを　一つ　えらんで　ください。

１ばん

2ばん

1 午後1時
2 午後1時半
3 午後2時
4 午後2時半

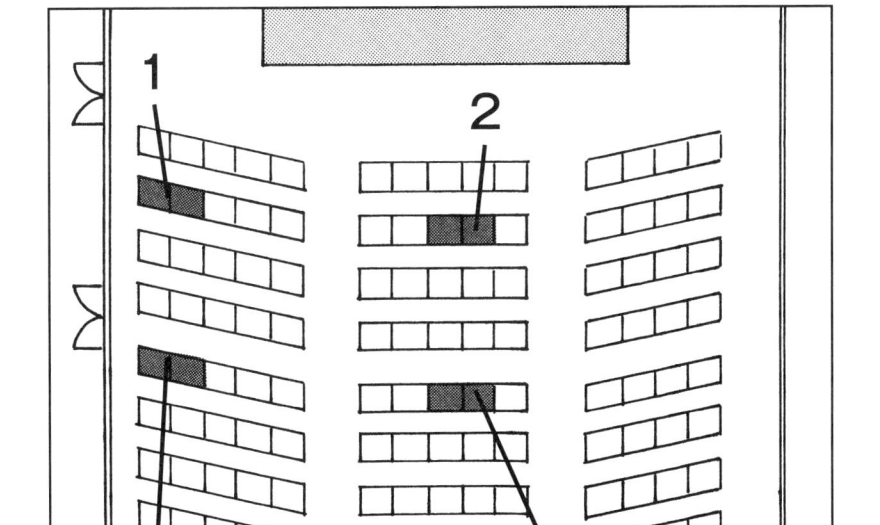

3ばん

4ばん

5ばん

6ばん

1 パソコンきょうしつに 行く
2 しらかわさんに 聞く
3 おみせの人に 聞く
4 本を 読む

7ばん

1 くうこう
2 コンビニ
3 レストラン
4 ガソリンスタンド

8ばん

もんだい2

もんだい2では、まず しつもんを 聞いて ください。そのあと、もんだいようしを 見て ください。読む 時間が あります。それから 話を 聞いて、もんだいようしの 1から4の 中から、いちばん いい ものを 一つ えらんで ください。

1ばん

1 げつようの 午前
2 すいようの 午前
3 すいようの 午後
4 きんようの 午後

2ばん

1 アルバイトを する
2 しゃしんぶに はいる
3 ちがう 大学に 行く
4 大学を やめて はたらく

3ばん

1 がいこくに りょこうする
2 こくないに りょこうする
3 しごとを する
4 いえで ゆっくり 休む

4ばん

1 にゅういん するから
2 おみまいに 行くから
3 アルバイトに 行くから
4 プレゼントを 買っていないから

5ばん

1 今日、3時から 5かいで
2 今日、3時から 3かいで
3 あした、3時から 5かいで
4 あした、3時から 3かいで

6ばん

1 かいしゃで はたらく
2 ちちの 店を てつだう
3 せかいを りょこうする
4 大学いんに 行く

7ばん

1 にちようび
2 げつようび
3 きんようび
4 どようび

もんだい3

もんだい3では、えを 見ながら しつもんを 聞いて ください。
➡ (やじるし)の 人は 何と 言いますか。1から3の 中から、いちばん いい ものを 一つ えらんで ください。

1ばん

2ばん

3ばん

4ばん

5ばん

もんだい4

もんだい4では、えなどが ありません。まず ぶんを 聞いて ください。それから、そのへんじを 聞いて、1から3の 中から、いちばん いい ものを 一つ えらんで ください。

―メモ―

1ばん

2ばん

3ばん

4ばん

5ばん

6ばん

7ばん

8ばん

日本語能力試験　スーパー模試　N5
第1回

N5　だい1かい

げんごちしき（もじ・ごい）
（25ふん）

もんだい1　＿＿＿＿＿の　ことばは　ひらがなで　どう　かきますか。
　　　　　1・2・3・4から　いちばん　いい　ものを　ひとつ　えらんで
　　　　　ください。

1　えんぴつを　五本　かいました。
　1　じっぽん　　　2　ろっぽん　　　3　さんぼん　　　4　ごほん

2　あの　女の　ひとは　だれですか。
　1　おな　　　　　2　おんな　　　　3　おんあ　　　　4　おなん

3　けさ　おそく　うちを　出ました。
　1　でました　　　2　だしました　　3　きました　　　4　でりました

4　この　かばんは　高いです。
　1　たかい　　　　2　だかい　　　　3　たがい　　　　4　だがい

5　ともだちに　てがみを　書きます。
　1　ききます　　　2　かきます　　　3　いきます　　　4　あきます

6　けさ　九時に　おきました。
　1　きゅうじ　　　2　くうじ　　　　3　くじ　　　　　4　くゅうじ

| 7 | 土ようびも しごとを します。
1 げつようび　　2 どようび　　　3 にちようび　　4 なんようび

| 8 | ゆうびんきょくは スーパーの 右に あります。
1 みぎ　　　　　2 みき　　　　　3 ひだり　　　　4 ひたり

| 9 | わたしは 白い かばんを もって います。
1 あかい　　　　2 しろい　　　　3 くろい　　　　4 あおい

| 10 | はなに 水を やりましょう。
1 みす　　　　　2 みず　　　　　3 みさ　　　　　4 みざ

| 11 | まどから 山が みえます。
1 かわ　　　　　2 がわ　　　　　3 やんま　　　　4 やま

| 12 | ひまな とき、おんがくを 聞きます。
1 ききます　　　2 かきます　　　3 ひきます　　　4 はきます

もんだい2 ＿＿＿＿＿の ことばは どう かきますか。1・2・3・4
から いちばん いい ものを ひとつ えらんで ください。

13 にほんごの くらすは たのしいです。
　1 タラス　　　2 クテヌ　　　3 クラス　　　4 タラヌ

14 この ぼたんを おしてください。
　1 ボヌソ　　　2 ボタン　　　3 ボタソ　　　4 バタヌ

15 せんせいは いつも いそがしいです。
　1 生先　　　　2 先生　　　　3 先玍　　　　4 先牛

16 いすの したに かばんが あります。
　1 下　　　　　2 丁　　　　　3 才　　　　　4 干

17 ようこさんは かみが ながいです。
　1 長い　　　　2 長い　　　　3 長い　　　　4 長い

18 まちの にしに えきが あります。
　1 四　　　　　2 東　　　　　3 酉　　　　　4 西

19 きのう かいしゃを やすみました。
　1 休みました　2 体みました　3 友みました　4 安みました

20 このペンは ひゃくえんです。
　1 冝　　　　　2 頁　　　　　3 百　　　　　4 面

もんだい3　（　　　）に　なにを　いれますか。1・2・3・4から
　　　　　いちばん　いい　ものを　ひとつ　えらんで　ください。

21　アンさんは　ぼうしを　（　　　）います。
　　1　かぶって　　　2　きて　　　　　3　はいて　　　　4　かけて

22　あめですから、かさを　（　　　）。
　　1　はれます　　　2　おきます　　　3　さします　　　4　きえます

23　うちで　ともだちと　ゲームを　（　　　）。
　　1　あそびます　　2　います　　　　3　あります　　　4　します

24　（　　　）のみものが　ほしいです。
　　1　さむい　　　　2　つめたい　　　3　いたい　　　　4　あかるい

25　テレビを　（　　　）、ニュースを　みます。
　　1　あけて　　　　2　しめて　　　　3　つけて　　　　4　かえして

26　はるやすみは　（　　　）でしたか。
　　1　だれ　　　　　2　どう　　　　　3　どれ　　　　　4　どうして

27　はこの　（　　　）に　とけいが　あります。
　　1　なか　　　　　2　うえ　　　　　3　うち　　　　　4　まえ

28 ふくを　（　　　）、おふろに　はいります。

　1　ぬいで　　　　2　すわって　　　3　すって　　　4　けして

29 おおきい　とりが　そらを　（　　　）います。

　1　のって　　　　2　とまって　　　3　でて　　　　4　とんで

30 わたしの　すきな　（　　　）は　サッカーです。

　1　アパート　　　2　スプーン　　　3　プール　　　4　スポーツ

もんだい4　_____の　ぶんと　だいたい　おなじ　いみの　ぶんが　あります。1・2・3・4から　いちばん　いい　ものを　ひとつ　えらんで　ください。

31 パーティーは　つまらなかったです。

　1　パーティーは　にぎやかでした。
　2　パーティーは　みじかかったです。
　3　パーティーは　おもしろくなかったです。
　4　パーティーは　たのしかったです。

32 ゆっくり　はなして　ください。

　1　もっと　はなして　ください。
　2　はやく　はなさないで　ください。
　3　おおきな　こえで　はなさないで　ください。
　4　しずかに　はなして　ください。

33 たなかさんは　もう　かえりました。
 1　たなかさんは　きのう　きました。
 2　たなかさんは　きょう　やすみでした。
 3　たなかさんは　ここに　いません。
 4　たなかさんは　どこも　いきません。

34 わたしは　フランスごを　ならっています。
 1　わたしは　フランスごを　おしえて　います。
 2　わたしは　フランスごを　かいて　います。
 3　わたしは　フランスごを　よんで　います。
 4　わたしは　フランスごを　べんきょうして　います。

35 わたしは　はじめて　にほんに　きました。
 1　わたしは　にほんに　きたことが　ありませんでした。
 2　わたしは　ことし　にほんに　きました。
 3　わたしは　にほんに　きたかったです。
 4　わたしは　らいねん　にほんに　きます。

N5 第1回
言語知識（文法）・読解
(50ぷん)

もんだい1 （　　　）に 何を 入れますか。1・2・3・4から
　　　　　 いちばん いい ものを 一つ えらんで ください。

[1] 母（　　　）作る りょうりは おいしいです。
　1　が　　　　2　で　　　　3　は　　　　4　を

[2] 駅から 学校まで バス（　　　）行きます。
　1　を　　　　2　に　　　　3　で　　　　4　と

[3] 毎日、駅の 前（　　　）とおって、学校へ 行きます。
　1　で　　　　2　に　　　　3　の　　　　4　を

[4] もっと 大きい テレビ（　　　）ほしいです
　1　は　　　　2　が　　　　3　に　　　　4　の

[5] 今日は いい天気 でしたが、あしたは （　　　）でしょう。
　1　雨に　　　2　雨の　　　3　雨だ　　　4　雨

[6] A「（　　　）日本へ 来ましたか。」
　　B「今年の 3月 です。」
　1　どうして　2　どのくらい　3　いつ　　　4　いくつ

7 わたしは よく りょこう しますが、兄は（　　　）しません。
1　あまり　　　2　いつも　　　3　たくさん　　　4　ときどき

8 びょういんの 中では、（　　　）して ください。
1　しずか　　　2　しずかで　　　3　しずかな　　　4　しずかに

9 今 すんでいる へやも いいですが、来年は もっと 駅から
（　　　）へやに すみたいです。
1　近い　　　2　近いな　　　3　近く　　　4　近くて

10 けさは（　　　）食べないで 学校に きました。
1　何かも　　　2　何でも　　　3　何とも　　　4　何も

11 きのう 3時まで としょかんで 日本語を べんきょうしました。
（　　　）スーパーへ 行きました。
1　しかし　　　2　それから　　　3　それでは　　　4　でも

12 電気を けして へやを くらく（　　　）。
1　あります　　　2　おきます　　　3　します　　　4　なります

13 わたしが 大学に（　　　）とき、じゅぎょうは もう はじまって
いました。
1　つく　　　2　ついた　　　3　ついている　　　4　ついてしまった

14 A「にもつを（　　　）。」
　　B「ありがとうございます。おねがいします。」
1　もってください　　　　　　2　もちませんか
3　もちたいですか　　　　　　4　もちましょうか

15 きのうの 夜から ゆきが (　　　)。
1　ふります　　　　　　　　　2　ふってあります
3　ふっています　　　　　　　4　ふってしまいます

16 あした いっしょに プールに およぎに (　　　)。
1　行きませんか　　　　　　　2　行っていませんか
3　行きませんでしたか　　　　4　行きましたか

もんだい2　＿★＿に 入る ものは どれですか。1・2・3・4から いちばん いい ものを 一つ えらんで ください。

(もんだいれい)

つくえの ＿＿＿ ＿＿＿ ＿★＿ ＿＿＿ あります。
　　　　　　1　本　　　　2　上　　　　3　が　　　　4　に

(こたえかた)

1. ただしい 文を つくります。

　　つくえの ＿＿＿ ＿＿＿ ＿★＿ ＿＿＿ あります。
　　　　　　　2　上　4　に　1　本　3　が

2. ＿★＿に 入る ばんごうを くろく ぬります。

(かいとうようし)　(れい)　● ② ③ ④

17 あの 店は ＿＿ ★ ＿＿ ＿＿ うっています。
　1 おいしい　　2 安くて　　3 を　　4 さかな

18 日本には ゆうめいな ＿＿ ＿＿ ★ ＿＿。すしと さしみと てんぷらです。
　1 が　　2 食べ物　　3 あります　　4 みっつ

19 わたしは きのう あたまが ★ ＿＿ ＿＿ ＿＿ 休みました。
　1 を　　2 いたかった　　3 しごと　　4 から

20 A「どれ ＿＿ ★ ＿＿ ＿＿ ですか。」
　B「これです。」
　1 かさ　　2 の　　3 あなた　　4 が

21 A「これは 日本の ふるい えいがです。いっしょに 見ませんか。」
　B「すみません。その ＿＿ ＿＿ ★ ＿＿。」
　1 見ました　　2 もう　　3 は　　4 えいが

もんだい3　22 から 26 に 何を 入れますか。ぶんしょうの
　　　　　　いみを かんがえて、1・2・3・4から いちばん いい
　　　　　　ものを 一つ えらんで ください。

　　みなさんは、日本の デパートに 行ったことが ありますか。
　わたしは きのう はじめて 友だち 22 デパートに
　行きました。日本の デパートは、とても 23 大きいです。
　人が たくさん います。わたしの いえの 近くの スーパーも
　大きいですが、デパート 24 もっと 大きいです。
　おくじょうには きれいな にわが あって、たくさんの 人が、
　25 していました。みんな、とても たのしそうでした。
　わたしは、 26 。

22
1 が　　　2 に　　　3 と　　　4 から

23
1 きれいで　　2 きれいだ　　3 きれいな　　4 きれくて

24
1 ならば　　2 ですから　　3 よりも　　4 のほうが

25
1 休んで、おべんとうを　食べて
2 休んだり、おべんとうを　食べたり
3 休んでから、おべんとうを　食べて
4 休んでいますから、おべんとうを　食べた

26
1 もう　デパートに　行きました
2 まだ　行ったことが　ありません
3 また　デパートに　行きたいです
4 また　デパートに　行ってください

もんだい4　つぎの（1）から（3）の　ぶんしょうを　読んで、
　　　　　しつもんに　こたえて　ください。　こたえは、1・2・3・4
　　　　　から　いちばん　いい　ものを　一つ　えらんで　ください。

（1）

　わたしには　兄が　います。顔が　よく　にています。わたしも　兄も
かみが　みじかいです。でも、兄の　ほうが　せが　高くて、少し
やせています。今日は　二人とも　あおい　セーターを　きています。

27　わたしと　兄は、どこが　ちがいますか。
　1　セーターの　いろです。
　2　かおの　かたちです。
　3　かみの　長さです。
　4　せの　高さです。

（2）

　わたしの　ペットは、小さい　とりです。名前は　ハルです。ハルは
わたしが　うたを　うたうと、いっしょに　うたいます。とても　きれいな
こえです。妹は　ハルの　うたが　だいすきです。

28　だれが　きれいな　こえですか。
　1　わたしです。
　2　ハルです。
　3　わたしと　妹です。
　4　ハルと　妹です。

(3)

ゆうこさんが リンさんに メモを 書きました。

リンさん、お帰りなさい。

れいぞうこに ケーキが ありますから 食べて ください。

ぜんぶ 食べないで くださいね。わたしも 食べますから。

ゆうこ

---

29 ケーキを ぜんぶ 食べても いいですか。

1 はい、ひとりで ぜんぶ 食べて ください。

2 はい、ケーキを ゆうこさんに あげないで ください。

3 いいえ、ゆうこさんに 少し あげて ください。

4 いいえ、れいぞうこの ケーキは 食べないで ください。

もんだい5　つぎの　ぶんしょうを　読んで、しつもんに　こたえて
　　　　　ください。こたえは、1・2・3・4から　いちばん　いい
　　　　　ものを　一つ　えらんで　ください。

　わたしは　毎日　げんきで　いたいから、じてんしゃで　しごとに　行って
います。会社では　かいだんを　使っています。
　げんきで　いたい　ほかの　日本人は　どんなことを　して
いるでしょうか。わたしの　読んだ　本には　こう　書いて　ありました。
　30さいから　60さいまでの　たくさんの　人が、やさいを　おおく　食べて
います。16さいから　29さいまでの　わかい　人は、よく　ねる　人が
おおいです。16さいから　29さいまでの　男の　人や、30さいから　60さ
までの　人は　よく　スポーツや　さんぽを　しますが、16さいから　29さい
までの　女の　人は　スポーツも　さんぽも　あまり　しません。

30 たくさんの 日本人の かんがえは どれですか。
1 げんきで ない 人は かいだんを 使いましょう。
2 げんきで いたいから じてんしゃに のりません。
3 げんきで いたい 人は、スポーツを しないで ください。
4 げんきで いたい 人は、やさいを たくさん 食べましょう。

31 この 話と 同じものは どれですか。
1 げんきで いたい 18さいの 男の 人は、あまり ねません。
2 げんきで いたい 20さいの 女の 人は、よく さんぽを します。
3 げんきで いたい わかい 男の 人は、よく スポーツを します。
4 げんきで いたい 50さいの 女の 人は、よく ねます。

もんだい6　右の　ページは、山田さんの　いえに　とどいた
　　　　　おしらせです。つぎの　ぶんしょうを　読んで、しつもんに
　　　　　こたえて　ください。こたえは、1・2・3・4から　いちばん
　　　　　いい　ものを　一つ　えらんで　ください。

　山田さんは　9時から　5時まで　会社で　はたらいて　います。そして、6時ごろ　いえへ　帰ります。あしたは　いえに　帰りませんから、あさってにもつが　ほしいです。0120-××-△△△△に　電話をして、そのあと、何ばんを　おしますか。

32

1　06054

2　06055

3　10174

4　10175

(山田さんの いえに あった おしらせ)

しろねこ
とっきゅうびん

山田 さま

10月15日 11：23 に 来ましたが るすでした。

※もういちど とどけます。下の ばんごう（①）に 電話を
して、とどけてほしい 日（②と③）を おして ください。

① 0120-××-△△△△
② 何月何日が いいですか。ばんごうを 4つ おします。
　　れい：6月3日 → ［0603］
③ 時間は 下から えらんで ばんごうを おします。
　　10：00〜12：00 → ［1］
　　12：00〜14：00 → ［2］
　　14：00〜16：00 → ［3］
　　16：00〜18：00 → ［4］
　　18：00〜20：00 → ［5］

N5 第1回
聴解
(30分)

もんだい1

もんだい1では、はじめに しつもんを きいて ください。それから はなしを きいて、もんだいようしの 1から4の なかから、いちばん いい ものを ひとつ えらんで ください。

1ばん

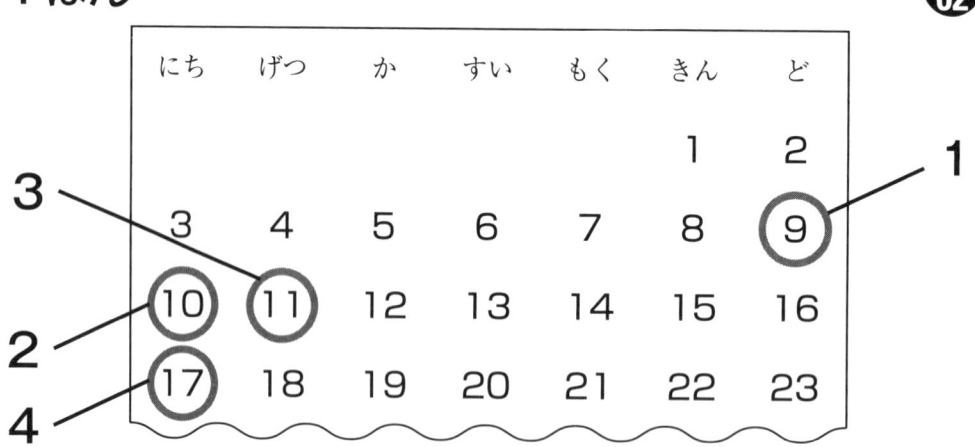

にち	げつ	か	すい	もく	きん	ど
					1	2
3	4	5	6	7	8	⑨ ← 1
⑩ ← 2	⑪ ← 3	12	13	14	15	16
⑰ ← 4	18	19	20	21	22	23

2ばん

1 いえに かえる
2 さくぶんを かく
3 せんせいの へやに いく
4 せんせいを まつ

3ばん

1　7じ50ぷん

2　7じ55ふん

3　8じ05ふん

4　8じ10ぷん

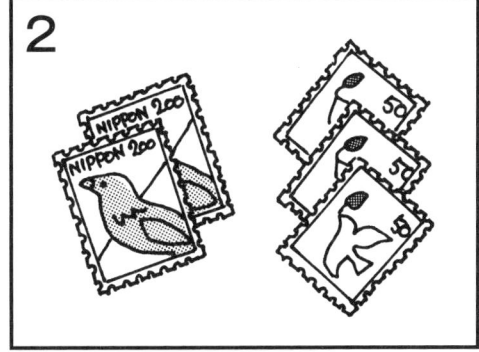

4ばん

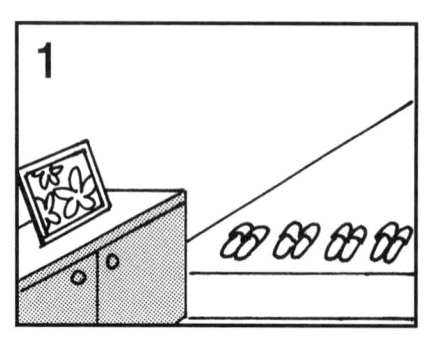

5ばん

6ばん

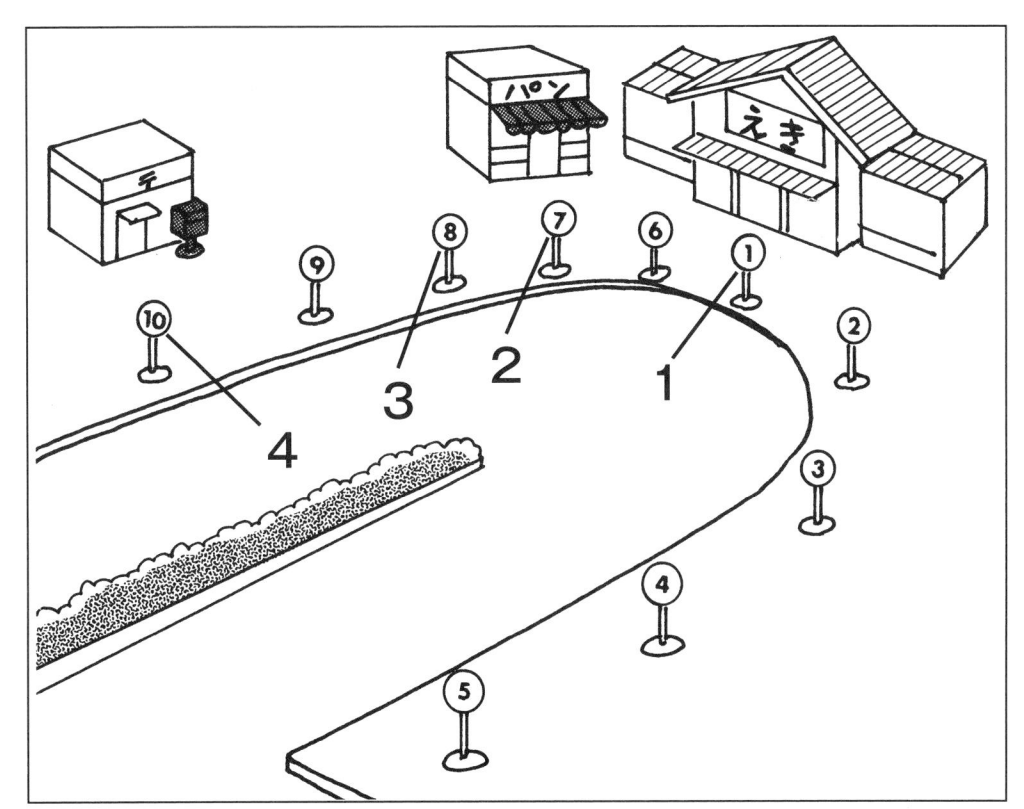

7ばん

もんだい2

もんだい2では、はじめに　しつもんを　きいて　ください。それから　はなしを　きいて、もんだいようしの　1から4の　なかから、いちばん　いい　ものを　ひとつ　えらんで　ください。

1ばん

 1　バス
 2　タクシー
 3　でんしゃ
 4　はしる

2ばん

 1　はれ
 2　あめ
 3　くもり
 4　さむい

3ばん

1 えき
2 おみせ
3 がっこう
4 おとこの ひとの いえ

4ばん

5ばん

1　べんきょう

2　かいもの

3　さんぽと　せんたく

4　べんきょうと　かいもの

6ばん

1　くろい　シャツ

2　あおい　シャツ

3　しろい　シャツ

4　なにも　かわない

もんだい3

もんだい3では、えを みながら しつもんを きいて ください。
➡（やじるし）の ひとは なんと いいますか。1から3の なかから、いちばん いい ものを ひとつ えらんで ください。

1ばん

2ばん

3ばん

4ばん

5ばん

もんだい4

もんだい4は、えなどが ありません。ぶんを きいて、1から3の なかから、いちばん いい ものを ひとつ えらんで ください。

―メモ―

1ばん

2ばん

3ばん

4ばん

5ばん

6ばん

日本語能力試験　スーパー模試　N5

第2回

N5　だい2かい

げんごちしき（もじ・ごい）
（25 ふん）

もんだい1 　＿＿＿＿の ことばは ひらがなで どう かきますか。
　　　　1・2・3・4から いちばん いい ものを ひとつ えらんで ください。

1 ケーキを 八つ たべました。
　1　よっつ　　　2　むっつ　　　3　やっつ　　　4　みっつ

2 まちの 東に やまが あります。
　1　ぎた　　　　2　きた　　　　3　ひがし　　　4　ひかし

3 これは ひとつ 二万円です。
　1　にせんえん　　　　　　　2　にひゃくえん
　3　にまんえん　　　　　　　4　にじゅうえん

4 四月に にほんへ きました。
　1　しがつ　　　　2　よんがつ　　　3　しげつ　　　4　よんげつ

5 まどから へやに 入りました。
　1　いりました　2　はりました　3　ありました　4　はいりました

6 テストで　じしょを　見ないで　ください。
1　よまないで　　　　　　　2　しないで
3　つかわないで　　　　　　4　みないで

7 毎日　としょかんで　べんきょうして　います。
1　まいにち　　2　まいしゅう　　3　まいじつ　　4　めいにち

8 いえの　外が　うるさいです。
1　そと　　　　2　がい　　　　3　うち　　　　4　ほか

9 お父さんと　レストランへ　いきます。
1　おじいさん　　2　おとうさん　　3　おかあさん　　4　おにいさん

10 あたらしい　車が　ほしいです。
1　かるま　　　2　いえ　　　　3　くるま　　　　4　うち

11 ケーキを　半分に　きりました。
1　はんぷん　　2　はんぶん　　3　ばんぶん　　4　ばんぷん

12 わたしの　大学は　ゆうめいです。
1　だいがく　　2　おおがく　　3　だいかく　　4　おおかく

もんだい2 ＿＿＿＿の ことばは どう かきますか。1・2・3・4
から いちばん いい ものを ひとつ えらんで ください。

13 らいしゅう ははが にほんへ きます。
　1　毎　　　　2　毋　　　　3　母　　　　4　母

14 いえの まえに こうえんが あります。
　1　前　　　　2　前　　　　3　前　　　　4　前

15 あれは なんですか。
　1　向　　　　2　何　　　　3　同　　　　4　可

16 あにに ねくたいを あげました。
　1　ヌクタイ　　2　ナクテイ　　3　ネヌクイ　　4　ネクタイ

17 けいたいでんわは かばんの なかに あります。
　1　午　　　　2　仲　　　　3　十　　　　4　中

18 あそこに おとこの ひとが います。
　1　男　　　　2　男　　　　3　男　　　　4　果

19 すみません、といれは どこですか。
　1　トイレ　　　2　タイル　　　3　トテラ　　　4　テタル

20 ひるごはんを たべました。
　1　食べました　　2　田べました　　3　飲べました　　4　話べました

もんだい3　(　　　)に　なにを　いれますか。1・2・3・4から
　　　　　いちばん　いい　ものを　ひとつ　えらんで　ください。

[21]　きのうは　つよい　かぜが　(　　　)。
　1　ふりました　　　　　　　　2　ふきました
　3　はしりました　　　　　　　4　さきました

[22]　この　にもつは　とても　(　　　)。
　1　くらいです　　　　　　　　2　おもいです
　3　わるいです　　　　　　　　4　とおいです

[23]　ひろしさんは　ギターを　(　　　)います。
　1　ないて　　　2　わかって　　　3　ひいて　　　4　なって

[24]　とりにくを　300(　　　)ください。
　1　グラム　　　2　メートル　　　3　テープ　　　4　ページ

[25]　きょうしつに　(　　　)いません。
　1　なにか　　　2　だれも　　　3　いつ　　　4　どこか

[26]　あした　やまに　(　　　)。
　1　およぎます　　2　おわります　　3　うたいます　　4　のぼります

27 リーさんは （　　　）を はいていません。
 1 めがね　　　2 ポケット　　　3 くつした　　　4 コート

28 じしょを わすれました。（　　　）ください。
 1 こまって　　2 かりて　　　3 くもって　　　4 かして

29 この もんだいは とても （　　　）ですから、すぐ わかります。
 1 やすい　　　2 むずかしい　　3 やさしい　　　4 ちいさい

30 ねる まえに （　　　）を のみます。
 1 かお　　　　2 は　　　　　3 くすり　　　　4 くだもの

もんだい4　＿＿＿＿の ぶんと だいたい おなじ いみの ぶんが
　　　あります。1・2・3・4から いちばん いい ものを ひとつ
　　　えらんで ください。

31 <u>この みちを まっすぐ いって ください。</u>
 1 まがらないで いって ください。
 2 はやく いって ください。
 3 ひとりで いって ください。
 4 ちょっと いって ください。

32 かいしゃまで 2じかん かかります。

1 かいしゃの しごとは 2じに はじまります。
2 2じまで かいしゃで しごとを しなければなりません。
3 8じから 10じまで かいしゃで しごとを しています。
4 8じに いえを でて、10じに かいしゃに つきます。

33 にちようびは たいてい いえに います。

1 にちようびは よく あそびに いきます。
2 にちようびは あまり でかけません。
3 げつようびから どようびまで うちに います。
4 げつようびから どようびまで うちに いません。

34 わたしは りょうりが へたです。

1 わたしは りょうりが すきです。
2 わたしは りょうりが じょうずじゃありません。
3 わたしは りょうりが きらいです。
4 わたしは りょうりが じょうずです。

35 にほんごが ちょっと わかります。

1 にほんごが よく わかります。
2 もっと にほんごで はなしたいです。
3 にほんごが すこし わかります。
4 いつも にほんごで はなします。

N5 第2回
言語知識（文法）・読解
(50ぷん)

もんだい1　（　　　）に 何を 入れますか。1・2・3・4から
　　　　　いちばん いい ものを 一つ えらんで ください。

[1] きのう、びょうき（　　　）、しごとを 休みました。
　1　が　　　　2　で　　　　3　に　　　　4　の

[2] 日よう日に、東京で 友だち（　　　）いっしょに 買い物を しました。
　1　が　　　　2　と　　　　3　へ　　　　4　を

[3] A「いつ 行きますか。」
　　B「土よう日（　　　）日よう日が いいです。」
　1　か　　　　2　に　　　　3　は　　　　4　を

[4] きれいな かばんですね。わたし（　　　）ほしいです。
　1　と　　　　2　だけ　　　3　に　　　　4　も

[5] これは うみで 妹と 弟（　　　）とった しゃしんです。
　1　か　　　　2　は　　　　3　から　　　4　を

[6] A「あついですね。」
　　B「そうです（　　　）。」
　1　でも　　　2　と　　　　3　ね　　　　4　の

7 手を あらって（　　　）、ごはんを 食べます。
1　あとで　　　2　から　　　3　ながら　　　4　前に

8 A「すみません。もっと（　　　）書いて ください。」
　　B「わかりました。」
1　大きい　　2　大きく　　3　大きくて　　4　大きいに

9 A「かぜは、どう ですか。」
　　B「くすりを のんで、（　　　）なりました。」
1　げんきに　　2　げんきな　　3　げんきだ　　4　げんきで

10 A「きのう（　　　）いえに 来ましたか。」
　　B「中川さんが 来ました。」
1　なにが　　2　どれが　　3　どこが　　4　だれが

11 A「ペンを（　　　）くださいませんか。」
　　B「はい、どうぞ。」
1　かす　　2　かした　　3　かして　　4　かし

12 わたしは、まいばん、（　　　）前に、シャワーを あびます。
1　ねる　　2　ねた　　3　ねて　　4　ねない

13 ここに 書く ときは、えんぴつで（　　　）ボールペンを 使って ください。
1　書いて　　2　書いたから　　3　書かないで　　4　書かなくて

14 きのうは わたしの たんじょうび でした。25さいに（　　　）。
1　あります　　2　います　　3　しました　　4　なりました

15 A「しゅくだいは　もう　おわりましたか。」
　　B「まだ（　　　）。」
　1　おわりました　　　　　　　2　おわりません
　3　おわっています　　　　　　4　おわっていました

16 先しゅう　読んだ　本は　とても　（　　　）。
　1　おもしろかったでした　　　2　おもしろくないでした
　3　おもしろかったです　　　　4　おもしろいでした

もんだい2　＿★＿に　入る　ものは　どれですか。1・2・3・4から
　　　いちばん　いい　ものを　一つ　えらんで　ください。

───────────────────────────────

（もんだいれい）

つくえの　＿＿＿＿　＿＿＿＿　＿★＿　＿＿＿＿　あります。
　　　　　1　本　　　　2　上　　　　3　が　　　　4　に

（こたえかた）

1．ただしい　文を　つくります。

┌─────────────────────────────┐
│　つくえの　＿＿＿＿　＿＿＿＿　＿★＿　＿＿＿＿　あります。│
│　　　　　　　2　上　　4　に　　1　本　　3　が　　　　　　│
└─────────────────────────────┘

2．＿★＿に　入る　ばんごうを　くろく　ぬります。
　　　　　　　　（かいとうようし）　（れい）　●　②　③　④

128

17 その あかい ＿＿＿ ＿＿＿ ＿＿＿ ★ です。
　1 は　　　　2 の　　　　3 ペン　　　　4 わたし

18 A「すみません。＿＿＿ ＿＿＿ ★ ＿＿＿ ですか。」
　 B「100円です。」
　1 は　　　　2 ひとつ　　3 いくら　　　4 りんご

19 へやで 友だちと ＿＿＿ ＿＿＿ ＿＿＿ ★ います。
　1 して　　　2 話し　　　3 べんきょうを　4 ながら

20 わたしは きのう はじめて ＿＿＿ ★ ＿＿＿ ＿＿＿
　 行きました。
　1 ところ　　2 に　　　　3 という　　　4 さくら山

21 A「なつ休みは、どう でしたか。」
　 B「＿＿＿ ＿＿＿ ＿＿＿ ★ 、たのしかったです。」
　1 友だちと　2 来た　　　3 りょこうして　4 国から

もんだい3　[22]　から　[26]　に　何を　入れますか。
　　　　ぶんしょうの　いみを　かんがえて、1・2・3・4から
　　　　いちばん　いい　ものを　一つ　えらんで　ください。

　わたしは、日よう日　[22]　朝は、10時ごろまで　ねています。いつも　[23]　おそく　おきて、それから　ゆっくり　朝ごはんを　食べます。朝ごはんを　食べてから、そうじや　せんたくを　します。そうじや　せんたくを　[24]　スーパーへ　食べものや　のみものを　買いに　行きます。
　午後は　友だちと　あって、こうえんへ　行ったり　デパートへ　行ったり　[25]　。おとといの　日よう日は　友だちと　いっしょに　カラオケに　行きました。わたしと　友だちは　[26]　、たくさん　うたって　たのしかったです。
　日よう日は　したい　ことが　たくさん　あって　いそがしいです。

22
1 が   2 か   3 と   4 の

23
1 から   2 より   3 のなかで   4 のほうが

24
1 する　あとで
2 して　あと
3 した　あとで
4 したの　あとから

25
1 えいがを　見します
2 えいがを　見て　します
3 えいがを　見たります
4 えいがを　見たり　します

26
1 うたを　うたうことが　大すきですから
2 うたを　うたって　大すきですから
3 うたを　うたうのが　大すきますから
4 うたが　大すきから

もんだい4　つぎの（1）から（3）の　ぶんしょうを　読んで、
　　　　　しつもんに　こたえて　ください。　こたえは、1・2・3・4
　　　　　から　いちばん　いい　ものを　一つ　えらんで　ください。

（1）

　わたしは　山本たろうです。りょうしんと　兄が　います。兄は　じぶんの　会社で　しごとを　して　います。母は　大学で　おしえて　います。父は　びょういんに　つとめて　います。

27 山本さんの　おかあさんの　しごとは　何ですか。

1　いしゃ
2　せんせい
3　がくせい
4　かいしゃいん

（2）

　これは　かぜの　くすりですが、あたまが　いたいときは　のまないで　ください。車に　のる　前や　おさけを　のんだ　あとで　のまないで　ください。くすりは　ごはんを　食べて　から　のんで　ください。

28 いつ　この　くすりを　のみますか。

1　あたまが　いたいとき　のみます。
2　おさけを　のんでから　のみます。
3　ごはんを　食べた　あとで　のみます。
4　ごはんを　食べる　前に　のみます。

（3）

　わたしは、1しゅうかんに　3かい　はたらいて　います。しごとは、1時間　800円で、午前9時から　午後4時までです。1時間　休みます。休みの　時間は　お金が　出ません。

29 1しゅうかんの　しごとの　お金は　いくらですか。

1　4,800円
2　5,600円
3　14,400円
4　16,800円

もんだい5　つぎの　ぶんしょうを　読んで、しつもんに　こたえて
　　　　　ください。こたえは、1・2・3・4から　いちばん　いい
　　　　　ものを　一つ　えらんで　ください。

　先しゅうの　日よう日　田中さんと　浅草に　行きました。
　浅草には　浅草寺という　大きくて　ゆうめいな　てらが　あります。その
浅草寺の　前で　10時に　田中さんと　あいました。
　浅草寺の　近くには　いろいろな　店が　あります。そこで　買い物を
してから、その　近くの　はしの　前で　しゃしんを　とりました。それから、
おなかが　すいたので　デパートの　レストランで　ひるごはんを
食べました。田中さんは　てんぷらそばを、わたしは　きつねうどんを
食べました。
　それから　電車で　銀座に　行って　えいがを　見ました。

30　先しゅうの　日よう日　田中さんと　何を　しましたか。
　1　いっしょに　てんぷらそばを　食べました。
　2　浅草で　えいがを　見ました。
　3　銀座で　買い物を　しました。
　4　浅草と　銀座に　行きました。

31　どこで　しゃしんを　とりましたか。
　1　浅草の　はしの　前で
　2　浅草の　デパートで
　3　銀座の　レストランで
　4　浅草寺の　前で

もんだい6　下の　ひょうは、「えいがの　時間」と「バスの　時間」です。つぎの　ぶんしょうを　読んで、しつもんに　こたえて　ください。こたえは、1・2・3・4から　いちばん　いい　ものを　一つ　えらんで　ください。

　あした　ムンさんと　小川町で、えいがを　見ます。小川町では、いま　いろいろな　えいがが　あります。おもしろい　えいがが　見たいです。ムンさんは　どうぶつの　話が　すきですが、わたしは　すきでは　ありません。帰りは、バスで　帰ります。ムンさんも　わたしも　9時前に　アパートの　ある　海山町に　もどりたいです。

32 どの　えいがを　見ますか。

1　おかあさんは　どこ？　　　2　ぼくの　いぬ「ゴロウ」
3　サクラ　　　　　　　　　　4　ゆきの　日に

えいがの　時間

えいが	時間	内容
おかあさんは　どこ？	19:05 ～ 20:55	ケンタが　おかあさんを　さがす　話
ぼくの　いぬ「ゴロウ」	18:45 ～ 20:25	いぬの　ゴロウが　旅行する　話
サクラ	19:00 ～ 20:35	サクラが　まんがを　かく　話
ゆきの　日に	18:30 ～ 20:20	ゆきの　日に　友だちと　あう　話

バスの　時間

えいがかん前　⇒	海山町
20:30	20:55
20:45	21:10

N5 第2回
聴解
（30分）

もんだい1

もんだい1では、はじめに しつもんを きいて ください。それから はなしを きいて、もんだいようしの 1から4の なかから、いちばん いい ものを ひとつ えらんで ください。

1ばん

2ばん

1 ばんごうを かく
2 かみを とる
3 すわって まつ
4 テストを する

3ばん

4ばん

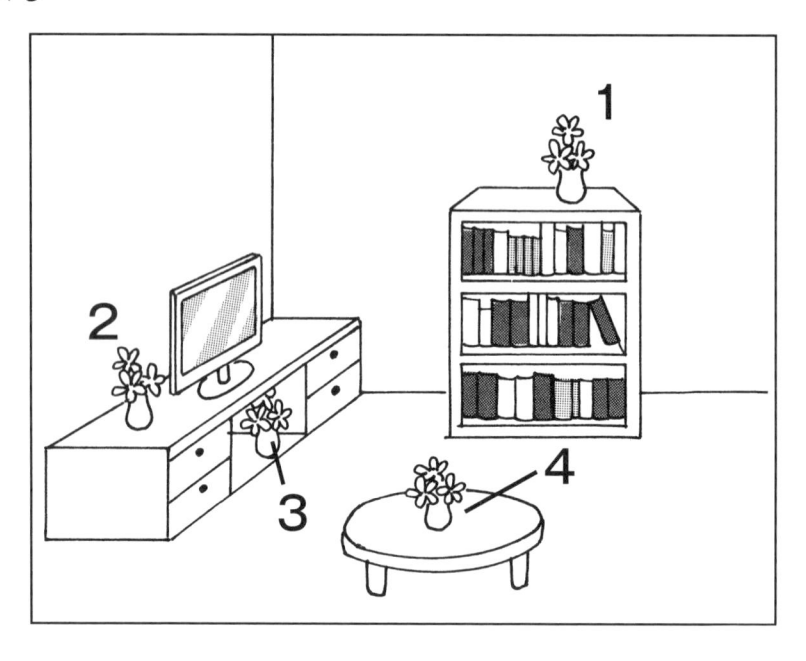

5ばん

6ばん

1 アとイ
2 アとイとウ
3 ウ
4 ウとエ

7ばん

もんだい2

もんだい2では、はじめに しつもんを きいて ください。それから はなしを きいて、もんだいようしの 1から4の なかから、いちばん いい ものを ひとつ えらんで ください。

1ばん

1　210円
2　250円
3　630円
4　750円

2ばん

1　えいがかん
2　パンや
3　ぎんこう
4　レストラン

3ばん

1　でんしゃ
2　じてんしゃ
3　バス
4　くるま

4ばん

1 げつようび
2 もくようび
3 げつようびと　もくようび
4 げつようびと　きんようび

5ばん

1 あたたかい　コーヒー
2 つめたい　コーヒー
3 あたたかい　こうちゃ
4 つめたい　こうちゃ

6ばん

1 ねている
2 ほんを　よんでいる
3 おんがくを　きいている
4 たっている

もんだい3

もんだい3では、えを みながら しつもんを きいて ください。
➡ (やじるし)の ひとは なんと いいますか。1から3の なかから、いちばん いい ものを ひとつ えらんで ください。

1ばん

2ばん

3ばん

4ばん

5ばん

もんだい４

もんだい４は、えなどが ありません。ぶんを きいて、1から3の なかから、いちばん いい ものを ひとつ えらんで ください。

―メモ―

1ばん

2ばん

3ばん

4ばん

5ばん

6ばん

N4 第1回

聴解スクリプト

問題1

問題1では、まず質問を聞いてください。それから話を聞いて、問題用紙の1から4の中から、いちばんいいものを一つ選んでください。

1番

駅前で、男の人と女の人が話しています。女の人は、どこに自転車を止めますか。

男：だめだめ、ここは駅の前だから、自転車を止めないでください。
女：あ、ここ、だめなんですか。じゃあ、どこに止めればいいですか。
男：ここをまっすぐ行くと、信号があるでしょう。それを右に曲がると、自転車を置くところがありますよ。
女：あの銀行の角ですか。
男：そう、銀行の隣です。
女：ああ、わかりました。ありがとうございました。

女の人は、どこに自転車を止めますか。

2番

大学で、女の学生と男の学生が話しています。二人は、どこで昼ご飯を食べますか。

女：昼ご飯にしようよ。食堂に行こう。
男：食堂は込んでいるから時間がかかるよ。午後はテストだから、ぼく、昼休みに勉強しようと思ってるんだ。
女：そうか。じゃあ、パンでも買ってきて、外で食べようか。天気もいいし。
男：でも、食べながら勉強したいから、教室にしようよ。今日のテストは難しいらしいから、勉強しておいたほうがいいよ。
女：え、そうなの？ じゃあ、そうしよう。

二人は、どこで昼ご飯を食べますか。

3番

男の人と女の人が、引っ越しの準備をしています。男の人は、箱に何を入れますか。

男：ガラスのコップ、この箱に入れるよ。
女：ああ、コップは割れないように新聞紙で包まなくてはいけないから、わたしがやるわ。そのままにしておいて。それより、そこの本を全部、箱に入れてよ。
男：でも、全部入れると、重すぎて運べないよ。
女：そうね。じゃあ、半分だけにして、あとは何か軽いものを入れて。
男：そうだね。じゃあ、セーターでも入れておこう。

男の人は、箱に何を入れますか。

4番

家族の写真を撮っています。写真は、どう

なりましたか。
男：では、お子さんは座って、お父さんとお母さんはお子さんを真ん中にして、右と左に立ちましょうか。う〜ん、ちょっと変ですねえ……。お父さんは後ろに……。お子さんとお母さんの間に立ってください。ああ、いいですね。では、撮りますよ。

写真は、どうなりましたか。

5番

会社で、女の人と男の人が話しています。男の人は、このあと何をしますか。
女：あしたのミーティング、10時からでしたよね。
男：ええ、そうですよ。
女：お客様が来ることになっちゃったんですけど、午後からにできないでしょうか。
男：ああ、大丈夫だと思いますよ。ほかの人も、午後のほうがいいって言ってましたから。
女：よかった。じゃあ、みんなに連絡しなくちゃ。
男：あ、それは、ぼくがしておきますよ。時間が決まったら、また連絡します。
女：お願いします。あ、わたし、これから会議だから、電話じゃなくて、メールにしてください。
男：わかりました。

男の人は、このあと何をしますか。

6番

男の人と女の人が、パーティーの準備をしています。部屋をどうしますか。
男：パーティーには10人ぐらい来るんですよね。椅子、6つしかないけど、いいでしょうか。
女：う〜ん、じゃあ、椅子はとなりの部屋に片付けちゃおうか。
男：でも、ずっと立っていたら、疲れる人もいると思いますよ。
女：そうか。じゃあ、部屋の隅に並べておいて。
男：はい。テーブルは真ん中でいいですか。でも、10人だから、ちょっと小さいかな……。
女：となりの部屋のテーブルも持ってきて、並べておけばいいんじゃない？
男：はい、じゃあ、そうします。

部屋をどうしますか。

7番

大学で、女の人と男の人が話しています。男の人は、本をどうしますか。
女：ねえ、田村さん見なかった？
男：田村さん？　見てないけど、どうしたの？
女：これ、田村さんに借りた本なんだけど、読み終わったから、返そうと思って……。
男：田村さんなら、次の授業で会うよ。
女：ほんと？　じゃあ、悪いけど、この本、渡してくれる？
男：ああ、いいよ。

男の人は、本をどうしますか。

8番

会社で、男の人と女の人が話しています。女の人は、大阪支店に何を送りますか。

男：田中さん、この資料をコピーして、大阪支店に送ってくれないかな。
女：はい。コピーは、1部でいいですか。
男：あ、2部コピーしてください。送るのは1部でいいけど。
女：わかりました。
男：あ、それから、この本も、いっしょに送ってもらおうかな。
女：この本、2冊ですか？
男：いや、こっちだけ、この1冊だけでいいよ。お願いします。

女の人は、大阪支店に何を送りますか。

問題2

問題2では、まず質問を聞いてください。そのあと、問題用紙を見てください。読む時間があります。それから話を聞いて、問題用紙の1から4の中から、いちばんいいものを一つ選んでください。

1番

男の人と女の人が話しています。お見舞いに、何を持って行きますか。

男：土曜日、田中さんのお見舞いに行きませんか？
女：そうですね、行きましょう。お花でも持って行きますか？
男：花ですか？ 果物かお菓子のほうがいいんじゃないですか？
女：でも、病気だから、食べちゃいけないものもありますよ。飲み物なら、いいかもしれないけど……。
男：そうですか……。じゃあ、本は？ ずっと寝ていると暇だろうし、田中さん、本が好きだから。花は普通すぎると思います。
女：そうですか？ 普通が一番いいと思いますけど。でも、好きなものがあるなら、そのほうがいいですね。

お見舞いに、何を持って行きますか。

2番

会社で、男の人と女の人が話しています。男の人の書いたものは、どうしてだめだと言われましたか。

男：あの、書きましたけど、これでいいですか。
女：う〜ん、ちょっと読みにくいわね。
男：すみません。昔から、字が汚くて……。
女：まあ、それはしかたがないけど、これじゃだめよ。青いペンじゃなくて黒いペンで書かなきゃ。早く書き直してね。時間がないから。

男の人の書いたものは、どうしてだめだと言われましたか。

3番

男の人と女の人が話しています。男の人は、あさって何をしますか。

男：あさって、フランスから友だちが来るんです。
女：じゃ、空港まで迎えに行くんですね。
男：いえ、友だちは、3年前にもぼくのうちに来ていて、道はわかるから、迎え

に来なくてもいいって言うんです。
女：あら、でも、山田さん、去年引っ越したんじゃないですか？
男：あ、そうでした。じゃあ、やっぱり行かなきゃ。すぐにメールしよう。

男の人は、あさって何をしますか。

4番

男の人と女の人が話しています。本は誰のものですか。

男：この本、おもしろいですよ。読みましたか？
女：あ、それ、わたしも持ってますよ。言ってくれれば貸してあげたのに。買うと高かったでしょう？
男：ああ、これは、山田さんに借りたんですよ。山田さんは、誕生日に中村さんにもらったそうです。

本は誰のものですか。

5番

お寺で、男の人が説明しています。何をしてはいけませんか。

男：今から、お寺の中に入ります。入り口でくつを脱いで、スリッパをはいてください。くつは、入り口に置かないで、自分で持って歩いてください。中で写真を撮ってもいいですが、お寺にあるものに触ってはいけません。外に出るときには、スリッパを元の場所に戻してください。

何をしてはいけませんか。

6番

女の人と男の人が話しています。女の人は、給料を何に使いますか。女の人です。

女：あしたは、会社に入って初めての給料日、楽しみですね。
男：ぼくは、何かおいしいものを食べに行こうと思ってるんですけど、伊藤さんは？　何か買うんですか？
女：いろいろ買いたいけど、それは来月のお給料をもらってから。
男：じゃあ、旅行に行くとか？
女：いいえ。初めてのお給料だから、両親に何か買ってあげようと思ってるんです。
男：そうか、それはいいですね。

女の人は、給料を何に使いますか。

7番

会社で、女の人と男の人が話しています。男の人は、どうして昼ご飯を食べに行きませんか。

女：大川さん、みんなといっしょに昼ご飯を食べに行きませんか。
男：ごめん、ぼくはちょっと……。
女：お弁当、持ってきたんですか？
男：そうじゃなくて、1時からの会議の準備がまだできてないんだ。
女：大変そうですね、手伝いましょうか。
男：ありがとう。でも、いいよ。昼ご飯は、会議が終わってから食べるよ。
女：そうですか。じゃ、行ってきます。

男の人は、どうして昼ご飯を食べに行きませんか。

問題3

問題3では、絵を見ながら質問を聞いてください。矢印の人は何と言いますか。1から3の中から、いちばんいいものを一つ選んでください。

1番
重そうな荷物を持っている人がいます。何と言いますか。
1. 手伝ってあげたらどうですか。
2. どうぞ、手伝われてください。
3. あの、お手伝いしましょうか。

2番
約束の時間に遅れました。何と言いますか。
1. すみませんが、お待ちください。
2. お待たせして、すみません。
3. そろそろ、失礼します。

3番
子どもを起こします。何と言いますか。
1. 早く起きなさい。
2. もう、起こしなさい。
3. まだ、寝ていなさい。

4番
着物を着た女の人の写真が撮りたいです。何と言いますか。
1. すみません、写真を撮られてください。
2. すみません、写真を撮ってくれませんか。
3. すみません、写真を撮ってもいいですか。

5番
デパートで友だちへのプレゼントを買います。何と言いますか。
1. プレゼント用にしてください。
2. プレゼント用にしてあります。
3. プレゼントになるそうです。

問題4

問題4では、絵などがありません。まず、文を聞いてください。それから、その返事を聞いて、1から3の中から、いちばんいいものを一つ選んでください。

1番
あしたまでに、これを読んでおいてください。
1. コウさんを呼ぶんですね。
2. これ、全部、読むんですか。
3. 机の上に置いておきます。

2番
おそいよ、どうしたの？
1. ごめんごめん。
2. うん、ありがとう。
3. 楽しかったよ。

3番
あの、ここに座ってもいいですか。
1. ああ、さわらないでください。
2. どうもありがとうございます。
3. いいですよ、どうぞ。

4番
まだ帰らないの？

1 うん、まだ仕事があるんだ。
2 うん、もう帰ったよ。
3 うん、またあした、来るね。

5番
このペン書きにくいね。
1 みんな書きたがるよ。
2 うん、おいしい肉だね。
3 じゃ、これ使えば。

6番
ご注文はお決まりになりましたか。
1 はい、ありがとうございます。
2 もうちょっと待ってください。
3 いいえ、もう結構です。

7番
あっ！ 図書館に本を返しに行くの忘れてた！
1 図書館は食堂の前だよ。
2 早く行ったほうがいいよ。
3 そんなことないよ。

8番
大川さんって、本当に男らしいね。
1 うん、男みたいだね。
2 いや、女だよ。
3 うん、かっこいいね。

N4 第2回

聴解スクリプト

問題1

問題1では、まず質問を聞いてください。それから話を聞いて、問題用紙の1から4の中から、いちばんいいものを一つ選んでください。

1番

電話で、男の人と女の人が話しています。男の人は、何を買いますか。

男：今、駅前だけど、何か買っていくものある？
女：あ、ちょうどよかった。牛乳を買ってきてくれる。2本。それと、パン。
男：ああ、あしたの朝のだね。ヨーグルトは？
女：あ、それは買ってきてあるわ。あと、野菜ジュースもお願い。
男：え、そんなに持てないよ。重いから、牛乳は1本じゃだめ？
女：そう？　じゃあ、1本でいいわ。よろしくね。

男の人は、何を買いますか。

2番

大学で、学生と先生が話しています。学生は、あした何時に来ますか。

学生（女）：先生、あした、研究会のお手伝いをするように言われたんですが、始まる2時間ぐらい前に来ればいいですか。
先生（男）：ああ、研究会は3時からですが、そんなに早くなくてもいいですよ。
学生：そうですか。
先生：講師の先生には30分前に来てくださいとお願いしてあるから、それまでに来てくれないと困るけどね。
学生：はい、じゃあ、1時間前に……。お手伝いって、何をすればいいですか。
先生：受付と、資料のコピーをお願いしたいんだ。
学生：資料のコピーもですか？　じゃあ、もう少し早く来たほうが……。
先生：いや、そんなに多くないからすぐにできるでしょう。大丈夫だよ。

学生は、あした何時に来ますか。

3番

映画館で、女の人と男の人が話しています。二人は、どの席に座りますか。

女：前のほうに行こう。
男：え～、前の席は音が大きいから、いやだよ。
女：じゃ、このへんにする？　真ん中のほうが見やすいから。
男：う～ん、こっちにしようよ。途中でトイレに行きたくなっても、みんなのじゃまにならないし……。
女：トイレは、始まる前に行っておけばい

いでしょ。映画は見やすいのが一番よ。
男：わかった。じゃあ、そうしよう。

二人は、どの席に座りますか。

4番

学校で、先生が学生に話しています。学生は、あした、どんな服装で来ますか。

先生（女）：あしたは山に登りますから、動きやすい服装で来てください。スカートではなく、ズボンがいいでしょう。あしたも暑くて、いい天気になりそうですが、山の上では短いズボンだと寒いですよ。上着も必要です。着てこなくてもいいですが、かばんに入れておいてください。あと、帽子も忘れないでくださいね。それから、かばんは手で持たなくてもいいものにしてください。

学生は、あした、どんな服装で来ますか。

5番

テレビで、男の人が話しています。どんな形になりますか。

男：ひざが痛いという人が多いようですね。そういう人は、こんな運動をやるといいですよ。では、一緒にやってみましょう。まず、椅子に座って、両手で椅子をしっかり持ってください。そして、左足を前に上げてください。足は真っ直ぐですよ。左足だけですよ。そのまま動かないでください。1、2、3、4、5。では、ゆっくり足をおろしてください。同じように右足でも行います。左右5回ずつ、朝晩続けてくださいね。

どんな形になりますか。

6番

男の人と女の人が話しています。女の人は、どうしますか。

男：鈴木さん、新しいパソコンを買ったそうですね。
女：ええ。でも、前のと違うから、使い方がよくわからなくて。本も読んでみたんですけど……。
男：ああ、そういう本はわかりにくいですよね。わたしも何冊も読みましたよ。
女：パソコンを買ったお店で聞いたら教えてもらえるでしょうか。
男：ええ、教えてくれるでしょうね。でも、それより、白川さんに聞いてみたらどうですか。パソコン教室に行っていたそうですよ。
女：あ、そうですか。じゃあ、そうしてみます。

女の人は、どうしますか。

7番

車の中で、女の人と男の人が話しています。二人はこのあと、最初にどこへ行きますか。

女：おなかすいたね。どこかで何か食べていこうよ。
男：でも、飛行機の時間に遅れたら大変だから、先に空港へ行ったほうがいいよ。
女：大丈夫よ、食べる時間ぐらいあるよ。
男：でも、道が込んでるかもしれないし……。
女：じゃあ、どこかで何か買って、車の中で食べようよ。
男：そんなにおなかすいてるの？　しかたな

いなぁ。じゃあ、コンビニに寄っていこう。でも、その前にガソリンスタンドでガソリン入れてもいい？
女：えー、だめだめ。車より人間のほうが先よ！
男：わかったよ。

二人はこのあと、最初にどこへ行きますか。

8番

会社で、男の人と女の人が会議の準備をしています。女の人は、はじめに何をしますか。
男：佐藤さん、会議の準備はできてる？
女：はい、マイクは用意しました。資料のコピーもしてあります。
男：じゃ、会議は1時からだから、先に昼食をすませておくといいよ。
女：でも、まだ昼休みになっていませんが……。
男：いいよ、会議が始まると休めないから。
女：そうですか。じゃ、行ってきます。
男：あ、その前に、会議室のエアコンをつけておいてね。
女：わかりました。

女の人は、はじめに何をしますか。

問題2

問題2では、まず質問を聞いてください。そのあと、問題用紙を見てください。読む時間があります。それから話を聞いて、問題用紙の1から4の中から、いちばんいいものを一つ選んでください。

1番

電話で、男の人が歯医者の人と話しています。男の人は、いつ歯医者に行きますか。
男：あの、山本ですが、予約を変えてもらいたいんですが……。
女：山本様……来週の水曜日の午前10時にご予約でしたね。
男：はい。午前中は都合が悪くなってしまったので、午後にしてもらえませんか。
女：すみません。午後はもう予約がいっぱいなんです。来週は、月曜の午前か、金曜の午後でしたら空いていますが。
男：そうですか……。じゃあ、早いほうがいいです。
女：わかりました。

男の人は、いつ歯医者に行きますか。

2番

大学で、男の学生と女の学生が話しています。女の学生は、どうしますか。
男：どのクラブに入るか、決めた？ ぼくは写真部に入るつもりなんだ。
女：ふーん。わたしはクラブには入らないと思う。
男：えっ、どうして？
女：アルバイトをしようと思ってるの。違う大学の人にも会えるし、生活のためにお金もほしいし……。
男：ふーん、そうかぁ。でも、毎日、アルバイトしないでしょう？ 写真部は週に1回だけだから、一緒に入らない？
女：うーん、そうね……。でも、写真にはあんまり興味がないから、やめておく。

女の学生は、どうしますか。

3番

女の人と男の人が話しています。男の人は、夏休みに何をしますか。

女：山田さん、夏休みはどうするんですか。また、旅行ですか。
男：今年はどこか外国へ行こうと思っていたんですけど、妻が休みがとれなくてね。
女：奥さん、お仕事、忙しいんですね。
男：ええ。国内旅行も無理そうです。まあ、今年はゆっくりしますよ。

男の人は、夏休みに何をしますか。

4番

女の人と男の人が話しています。男の人は、どうしてパーティーに行きませんか。

女：田村さんの誕生日パーティーに行かないんですか。
男：ええ。一緒にアルバイトをしている人が、急に入院しちゃってね。その日は、みんなで病院にお見舞いに行くんですよ。
女：そうですか。じゃあ、しかたないですね。かわりに、プレゼント渡しておきましょうか？
男：プレゼントは、まだ買ってないんです。田村さんには、あとで渡そうと思って……。

男の人は、どうしてパーティーに行きませんか。

5番

会社で、女の人と男の人が話しています。いつ、どこで会議をしますか。

女：会議はあしたでしたよね。
男：ええ。午後の3時から、5階の会議室ですよ。
女：え？ 3階の会議室じゃないんですか。
男：今日、変わったんですよ。
女：時間もですか？
男：いいえ、時間はそのままですよ。

いつ、どこで会議をしますか。

6番

大学で、女の学生と男の学生が話しています。男の学生は、卒業したあと、どうしますか。

女：もうすぐ卒業だけど、会社は決まった？
男：ううん、まだ。だけど、ぼくは、まだいろいろ勉強したいから……。
女：大学院に行くの？
男：そうじゃなくて、世界のいろんなところを見て回ろうと思ってるんだ。
女：へえ、お父さんは、それでいいって？
男：いや、父は、店を手伝えって言うんだけど、それはいやなんだ。

男の学生は、卒業したあと、どうしますか。

7番

男の人と女の人が話しています。二人は、いつ美術館へ行きますか。

男：ねえ、美術館のチケットが2枚あるんだけど、一緒に行かない？
女：あ、それ、行きたかったんだ。いつ行く？
男：土曜日はどう？
女：うーん、週末は込んでいるからやめたほうがいいよ。金曜日の夜は？
男：金曜日は夕方から会議だから、無理だ

なあ。月曜日だったら大丈夫だけど……。
女：月曜日は美術館、休みよ。あ、そうだ、週末でも日曜の夕方は空いているらしいよ。
男：じゃあ、そうしようか。

二人は、いつ美術館へ行きますか。

問題3

問題3では、絵を見ながら質問を聞いてください。矢印の人は何と言いますか。1から3の中から、いちばんいいものを一つ選んでください。

1番
先生の持っている本を読んでみたいです。何と言いますか。
1　先生、この本、拝見していただきますか。
2　先生、この本、読んでみてくださいませんか。
3　先生、この本、読ませていただけませんか。

2番
子どもが道で遊んでいるとき車が来ました。何と言いますか。
1　片付けて！
2　危ない！
3　早く行って！

3番
バスに乗ってホテルへ行きたいです。何と言いますか。
1　どのバスに乗ったらいいですか。
2　バスに乗ったら、どうなりますか。
3　あのバスが、ホテルに行きますよ。

4番
部長と話がしたいですが、部長は仕事をしています。何と言いますか。
1　部長、今日はおじゃましました。
2　あの、今ちょっとよろしいでしょうか。
3　すみませんが、仕事をやめてください。

5番
本が取れません。何と言いますか。
1　すみません、取ってくださいませんか。
2　すみません、取ってあげませんか。
3　すみません、助けてもいいですか。

問題4

問題4では、絵などがありません。まず、文を聞いてください。それから、その返事を聞いて、1から3の中から、いちばんいいものを一つ選んでください。

1番
すみません、頭が痛いので、帰ってもいいですか。
1　ええ、おかげさまで。
2　ええ、お大事に。
3　はい、いらっしゃいませ。

2番
もう、日本の生活には慣れましたか。
1　はい、よくなりました。
2　なるほど、そうですね。
3　ええ、もう、すっかり。

3番
最近、食べすぎじゃない？
1　そんなに食べてないと思うけど。
2　うん、食べるのは好きじゃないんだ。
3　だから、すごくやせちゃったんだ。

4番
今晩、何か予定がありますか。
1　7日はテストがあります。
2　じゃあ、寄っていきます。
3　いいえ、ひまですよ。

5番
この本、おもしろかったですよ。
1　じゃあ、貸してください。
2　読んではいけませんよ。
3　黒いほうがいいですよ。

6番
レストランの予約しておいたよ。
1　ごちそうさまでした。
2　ありがとう。楽しみだね。
3　まだ、食べ終わってないよ。

7番
久しぶりだね。
1　うん、きのうは楽しかったね。
2　もう3年も会ってなかったよね。
3　そうだね、早く帰ろうよ。

8番
部屋の中が寒くなってきましたね。
1　暖房をつけましょうか。
2　だれも来ませんよ。
3　電気を消したらどうですか。

N5 第1回

聴解スクリプト

問題1

問題1では、はじめに質問を聞いてください。それから話を聞いて、問題用紙の1から4の中から、いちばんいいものを一つ選んでください。

1番

男の人と女の人が話しています。二人は、いつ映画に行きますか。

男:映画を見に行きませんか。
女:いいですね。わたしの暇な日は、日曜日だけですが……。
男:じゃあ、日曜日に行きましょう。
女:あ、でも、今度の日曜日は10日ですよね。11日はテストですよ。テストが終わってから行きましょう。
男:そうですね。じゃあ、そうしましょう。

二人は、いつ映画に行きますか。

2番

学校で、先生と学生が話しています。学生は、このあと何をしますか。

先生(女):リンさん、作文は終わりましたか。
学生(男):すみません、まだです。家に帰って、今晩書いて、あした持ってきます。
先生:いいえ、今、ここで書いてください。わたしは4時まで学校にいますから、書いて持ってきてください。
学生:はい。あの……どこに持っていきますか。
先生:わたしの部屋に持ってきてください。待っていますよ。

学生は、このあと何をしますか。

3番

男の人と女の人が話しています。女の人は、あした、何時に駅に来ますか。

男:山本さん、あしたは駅で会いましょう。何時にしましょうか。
女:電車の時間は8時ですから、5分前でいいですか。
男:でも、朝は、駅がとても込んでいますから、もっと早くしませんか。
女:じゃあ、10分前に行きます。

女の人は、あした、何時に駅に来ますか。

4番

男の人が、お店の人と話しています。男の人が買う切手は、どれですか。

男:すみません、200円の切手を2枚と50円の切手を3枚ください。
女:はい。……あ、すみません、200円の切手は1枚しかありません。100円の切手を2枚でもいいですか。

男:はい、それでいいです。

男の人が買う切手は、どれですか。

5番

家で、女の人と男の人が、パーティーの用意をしています。男の人は、何を買ってきますか。

女:パーティーまであと2時間ですが、掃除は終わりましたか。
男:ええ、もう終わりました。ケーキも買ってきたし、飲み物も冷蔵庫に入れてあります。あとは料理だけです。
女:あっ、テーブルに置く花を忘れていました。
男:じゃあ、買いにいきます。料理はお願いしますね。

男の人は、何を買ってきますか。

6番

家で、女の人が話しています。玄関はどうなりますか。

女:玄関は掃除してありますから、スリッパを並べてください。今日、来る人は4人です。それから、靴箱の上に絵を置いてください。動物の絵じゃなくて、花の絵です。

玄関はどうなりますか。

7番

駅で、女の人が男の人と電話で話しています。女の人は、どのバスに乗りますか。

女:今、駅に着きました。
男:そうですか。じゃあ、8番のバスに乗って、さくら郵便局というところで降りてください。10分ぐらいです。
女:1番のバスですね。駅の前の……。
男:いいえ、ちがいますよ。8番です。
女:ああ、はい、わかりました。あ、あそこのパン屋でケーキを買っていきますね。
男:ありがとうございます。じゃあ、郵便局の前で待っています。

女の人は、どのバスに乗りますか。

問題2

問題2では、はじめに質問を聞いてください。それから話を聞いて、問題用紙の1から4の中から、いちばんいいものを一つ選んでください。

1番

男の人と女の人が話しています。二人は、駅まで何で行きますか。

男:時間がありませんね。駅までタクシーで行きましょう。
女:でも、タクシーは高いです。バスのほうが安いですよ。
男:そうですね……。でも、バスの時間がわかりません。
女:あ、バスが来ましたよ。ちょうどいいですね。走りましょう。

二人は、駅まで何で行きますか。

2番

天気予報を聞いています。あしたの天気は、

どうなりますか。
女：今日は、暖かくてとてもいい天気でしたね。あした、金曜日もいい天気ですが、土曜日は雨になるでしょう。日曜日は、雨は降りませんが、くもっていて寒くなります。月曜日も同じです。洗濯は、金曜日にしたほうがいいですよ。

あしたの天気は、どうなりますか。

3番
学校で、女の人と男の人が話しています。女の人の家の近くに、何がありますか。
女：佐藤さんの家は学校に近くていいですね。うちは遠いので大変です。
男：でも、近くにお店がないので、買い物が大変です。
女：わたしもそうです。家の近くにお店がほしいですよね。
男：でも、山田さんの家は駅に近いから、便利でしょう。

女の人の家の近くに、何がありますか。

4番
店で、男の人と女の人が話しています。女の人は、どのイヌを買いますか。
男：どのイヌがいいですか。
女：みんな、かわいいですね。う〜ん……あの子、いいですね。足が短いの。
男：ああ、あれですね。白いの。
女：ええ。右の耳と前の足が黒いのです。
男：とても元気なイヌですよ。
女：あれにします。

女の人は、どのイヌを買いますか。

5番
女の人と男の人が話しています。女の人は、きのう何をしましたか。女の人です。
女：きのうは、雨でしたね。
男：ええ、日曜日はいつも、散歩をしたり、洗濯をしたりしますが、きのうは雨だからできませんでした。だから、朝から晩まで、家で勉強していましたよ。
女：わたしもそうです。ああ、でも、夕方、買い物に行きましたけど。

女の人は、きのう何をしましたか。

6番
店で女の人と男の人が話しています。男の人は、何を買いますか。
男：あのシャツを見せてください。
女：はい、白いのですね、どうぞ。
男：同じ形で、黒いのはないですか。
女：黒はないんですが、青はあります。
男：ああ、そうですか。じゃあ、いいです。ありがとう。

男の人は、何を買いますか。

問題3

問題3では、絵を見ながら質問を聞いてください。矢印の人は何と言いますか。1から3の中から、いちばんいいものを一つ選んでください。

1番
ケーキが買いたいです。何と言いますか。
1　すみません、ケーキを買いましょう。
2　このケーキをください。
3　このケーキを買ってください。

2番
朝、家を出ます。何と言いますか。
1　ただいま。
2　失礼します。
3　行ってきます。

3番
友だちが、荷物を持って、ドアの前にいます。何と言いますか。
1　開けましょうか。
2　つけませんか。
3　閉めてください。

4番
ズボンが買いたいですが、長いです。何と言いますか。
1　あまり短くありません。
2　少し短くなってください。
3　少し短くしてください。

5番
子どもが病院で遊んでいます。何と言いますか。
1　うるさいですよ。
2　大きいですよ。
3　有名ですよ。

問題4

問題4は、絵などがありません。文を聞いて、1から3の中から、いちばんいいものを一つ選んでください。

1番
あした、学校に行きますか。
1 いいえ、休みですから。
2 はい、行ってらっしゃい。
3 いいえ、だれもいません。

2番
ありがとうございました。
1 いいえ、どうしました。
2 いいえ、どういたしまして。
3 はい、どういたしました。

3番
その本を貸してくださいませんか。
1 はい、借りてください。
2 これは、わたしの本です。
3 いいですよ、どうぞ。

4番
本田さんはいますか。
1 もう、帰りましたよ。
2 図書館にありますよ。
3 本は、いりませんよ。

5番
りんごはいくらですか。
1 3つです。
2 100円です。
3 食べにいきます。

6番
駅まで何で行きますか。
1 3分です。
2 はい。何ですか。
3 自転車です。

N5 第2回

聴解スクリプト

問題1

問題1では、はじめに質問を聞いてください。それから話を聞いて、問題用紙の1から4の中から、いちばんいいものを一つ選んでください。

1番

病院で、男の人が先生と話しています。男の人は、どうなりますか。

男：先生、きのうからおなかが痛くて……。
医者（女）：では、上着を脱いで、そこのベッドに寝てください。あ、靴も脱いでくださいね。
男：シャツもですか。
医者：あ、それは着ていてもいいです。

男の人は、どうなりますか。

2番

学校で、先生が学生に話しています。学生は、はじめに何をしますか。

先生（女）：これから会話のテストをします。この箱の中に番号が書いてある紙がありますから、ひとり1枚、紙を取ってください。1番の人からテストをします。先生が番号を呼んでから、教室に入ってください。テストはひとりずつしますから、ほかの人はここで座って待っていてください。

学生は、はじめに何をしますか。

3番

教室で、女の人と男の人が話しています。女の人は、何を買いますか。

女：お弁当を買いにいきますが、何かほしいものはありますか。
男：ああ、じゃあ、飲み物をお願いします。
女：わたしもお茶を買いますから、ふたつ買ってきます。
男：すみません、わたしの昼ご飯はパンですから、コーヒーをお願いします。

女の人は、何を買いますか。

4番

家で、男の人と女の人が話しています。男の人は、花びんをどこに置きますか。

男：この花びん、どこに置きますか。
女：机の上に置いてください。
男：でも、机の上はきたないですよ。本や新聞がたくさんあります。
女：じゃあ、すみませんが、先にきれいにしてください。本は本棚に、新聞は、テレビの下のたなに置いてください。

男の人は、花びんをどこに置きますか。

5番

女の人と男の人が話しています。女の人のコートはどれですか。

女：すみません、コートを取ってください。
男：はい。どれですか。
女：白いのです。黒いボタンの……。
男：ええと……。
女：ポケットが3つあるコートです。
男：あ、これですね。はい、どうぞ。

女の人のコートはどれですか。

6番

学校で、先生と学生が話しています。学生は、今日、何をしますか。

先生(男)：キムさん、きのう、何をしましたか。
学生(女)：友だちとパーティーをしました。料理を食べたり、歌を歌ったりして、楽しかったです。でも、勉強ができませんでした。図書館に本を返すこともできませんでしたから、今日、返しに行きます。
先生：そうですか。勉強もしてくださいね。あしたまでの宿題がありますよね。
学生：はい、そうですね。

学生は、今日、何をしますか。

7番

男の人と女の人が話しています。男の人は、どの人を呼びに行きますか。

男：あの……、山田さんという人に電話ですが……。
女：山田さんは、あそこにいますよ。呼びに行ってください。
男：あの……山田さんは、どの人ですか。
女：あそこに帽子をかぶっている男の人がいますね。その人と話している人です。
男：ああ、メガネをかけている人ですね。わかりました。

男の人は、どの人を呼びに行きますか。

問題2

問題2では、はじめに質問を聞いてください。それから話を聞いて、問題用紙の1から4の中から、いちばんいいものを一つ選んでください。

1番

男の人と女の人が話しています。タクシーは、駅までいくらですか。

男：時間がないので、タクシーで行きましょう。
女：でも、タクシーは高いですよ。750円です。ちょっと時間はかかりますが、バスで行きましょう。
男：でも、3人ですから、ひとり250円です。バスは駅まで210円ですから、同じぐらいですよ。

タクシーは、駅までいくらですか。

2番

女の人と男の人が話しています。二人は、このあと、どこへ行きますか。

女：映画を見る前に、どこかで、何か食べませんか。
男：でも、あまり時間がありません。パン屋で何か買って、映画を見ながら食べ

ましょう。
女:そうですね。あ、わたし、お金がないので、その前に、銀行へ行きたいです。
男:わたしがお金を貸しますから、映画のあとで行ったらどうですか。
女:そうですか。じゃあ、そうします。

二人は、このあと、どこへ行きますか。

3番

先生が学生に話しています。海まで何で行きますか。

先生(男):あしたは、みんなで海へ行きます。学校のバスが駅に来ますから、あしたは、朝9時に駅に来てください。駅まで自転車で来る人もいますね。その場合は、駅の隣に自転車を置くところがありますから、そこに自転車を置いてください。道に置かないでくださいね。駅の前の道は車が多くて、危ないですから。

海まで何で行きますか。

4番

アルバイト先で、女の人と男の人が話しています。男の人は、いつ休みますか。

女:田中さん、来週の月曜日は、お休みでしたね。
男:はい、月曜日は、病院に行く日ですから。あの……、金曜日も休んでいいですか。
女:金曜日も病院ですか。でも、金曜日は忙しいので……。
男:そうですか……。じゃあ、木曜日はどうですか。
女:木曜日は大丈夫ですよ。早く元気になってくださいね。

男の人は、いつ休みますか。

5番

男の人と女の人が話しています。女の人は、何をたのみましたか。

男:コーヒーを買いに行きますけど、何か買ってきましょうか。
女:ありがとうございます。何か冷たいものをお願いします。
男:じゃあ、冷たいコーヒーでいいですか。
女:コーヒーはあまり好きじゃないので、紅茶をお願いします。

女の人は、何をたのみましたか。

6番

女の人と男の人が話しています。男の人は、電車の中で何をしていますか。

女:会社に来るまでに、電車に30分乗るんです。山本さんは、いつも電車の中で、どうしていますか。
男:本を読みたくて、いつも持っていますけど、たいてい寝ていますね。
女:そうですか。わたしはいつも立っているから、寝られません。本を読んだり音楽を聞いたりしています。

男の人は、電車の中で何をしていますか。

問題3

問題3では、絵を見ながら質問を聞いてください。矢印の人は何と言いますか。1から3の中から、いちばんいいものを一つ選んでください。

1番
知っている人の家へ行きました。何と言いますか。
1 ただいま。
2 ごめんなさい。
3 ごめんください。

2番
あまいコーヒーがきらいです。何と言いますか。
1 さとうは入れないでください。
2 さとうは入ってください。
3 さとうを入れませんか。

3番
友だちの写真が見たいです。何と言いますか。
1 写真を見てください。
2 写真を見せてください。
3 写真を撮ってください。

4番
電車で座っているとき、おばあさんが来ました。何と言いますか。
1 どうぞ。
2 いらっしゃいませ。
3 どうも。

5番
人の名前がわかりません。何と言いますか。
1 あの人はどうですか。
2 あの人は何ですか。
3 あの人はどなたですか。

問題4

問題4は、絵などがありません。文を聞いて、1から3の中から、いちばんいいものを一つ選んでください。

1番
ご飯を食べに行きませんか。
1 そうですね、行きました。
2 はい、食べに行きません。
3 いいですね、行きましょう。

2番
お元気ですか。
1 はい、こちらこそ。
2 はい、元気です。
3 いいえ、雨です。

3番
もう、山田さんは来ましたか。
1 いいえ、もう、来ません。
2 いいえ、まだ来ません。
3 はい、もう、来ません。

4番
ごきょうだいは、いますか。
1 はい、姉が2人います。
2 いいえ、5人いません。
3 今日は行きません。

5番
仕事はどうですか。
1 楽しいです。
2 医者です。
3 ありがとうございます。

6番
お茶をもういっぱい、いかがですか。
1 いっぱいじゃありません。
2 え、それは、ちょっと……。
3 もう、けっこうです。

模擬テスト　記録票

N4　第1回　模擬テスト

実施日	総合得点 （合格点は90点）	得点区分別得点		合格・不合格	自分の記録（反省点など）
		言語知識・読解 （38点以下は不合格）	聴解（19点以下は不合格）		
	／180	／120	／60		
	／180	／120	／60		
	／180	／120	／60		
	／180	／120	／60		
	／180	／120	／60		

得点の出し方

言語知識・読解　　120　×（あなたが正解した数）÷　70　＝

聴解　　　　　　　 60　×（あなたが正解した数）÷　28　＝

N4では、試験科目は「言語知識（文字・語彙）」「言語知識（文法）・読解」「聴解」の3つですが、得点区分は、「言語知識（文字・語彙・文法）・読解」「聴解」の2つです。

N4 第2回 模擬テスト

実施日	総合得点 (合格点は90点)	得点区分別得点		合格・不合格	自分の記録(反省点など)
		言語知識・読解 (38点以下は不合格)	聴解 (19点以下は不合格)		
	/180	/120	/60		
	/180	/120	/60		
	/180	/120	/60		
	/180	/120	/60		
	/180	/120	/60		

模擬テスト　記録票

N5　第1回　模擬テスト

実施日	総合得点 （合格点は80点）	得点区分別得点		合格・不合格	自分の記録（反省点など）
		言語知識・読解 （38点以下は不合格）	聴解（19点以下は不合格）		
	／180	／120	／60		
	／180	／120	／60		
	／180	／120	／60		
	／180	／120	／60		
	／180	／120	／60		

得点の出し方

言語知識・読解　　120 ×（あなたが正解した数）÷　67 ＝

聴解　　　　　　　 60 ×（あなたが正解した数）÷　24 ＝

N5では、試験科目は「言語知識（文字・語彙）」「言語知識（文法）・読解」「聴解」の3つですが、得点区分は、「言語知識（文字・語彙・文法）・読解」「聴解」の2つです。

N5 第2回 模擬テスト

実施日	総合得点 (合格点は 80点)	得点区分別得点		合格・ 不合格	自分の記録（反省点など）
		言語知識・読解 (38点以下は不合格)	聴解（19点 以下は不合格)		
	／180	／120	／60		
	／180	／120	／60		
	／180	／120	／60		
	／180	／120	／60		
	／180	／120	／60		

著者紹介：

岡本能里子（おかもと　のりこ）東京国際大学国際関係学部　教授
石塚京子（いしづか　きょうこ）埼玉大学国際交流センター　非常勤講師
上田安希子（うえだ　あきこ）東京国際大学　非常勤講師
宇野聖子（うの　せいこ）東京国際大学　非常勤講師
太田妙子（おおた　たえこ）東京国際大学　非常勤講師
金庭久美子（かねにわ　くみこ）横浜国立大学教育人間科学部　非常勤講師
齋藤佐和子（さいとう　さわこ）秀林外語専門学校日本語学科　非常勤講師
西島　道（にしじま　みち）東京国際大学　非常勤講師
間柄奈保子（まがら　なおこ）東京国際大学　非常勤講師

日本語能力試験スーパー模試Ｎ４・Ｎ５

発行日	2012年10月4日　（初版）
	2024年12月6日　（第7刷）

監　修	岡本能里子
著　者	石塚京子・上田安希子・宇野聖子・太田妙子・金庭久美子・齋藤佐和子・西島　道・間柄奈保子
編　集	株式会社アルク日本語編集部・浅野陽子（創作集団にほんご）
イラスト	山田淳子
ナレーション	大山尚雄・都さゆり・麦穂杏菜
録音・編集	ELEC
CDプレス	株式会社ソニー・ミュージックソリューションズ
デザイン・DTP	有限会社ギルド
印刷・製本	萩原印刷株式会社
発行者	天野智之
発行所	株式会社アルク
	〒141-0001
	東京都品川区北品川6-7-29　ガーデンシティ品川御殿山
	Website　https://www.alc.co.jp/

落丁本、乱丁本は弊社にてお取り替えいたしております。
Webお問い合わせフォームにてご連絡ください。
https://www.alc.co.jp/inquiry/
本書の全部または一部の無断転載を禁じます。
著作権法上で認められた場合を除いて、本書からのコピーを禁じます。定価はカバーに表示してあります。

製品サポート：https://www.alc.co.jp/usersupport/

©2012　Noriko Okamoto/Kyoko Ishizuka/Akiko Ueda/Seiko Uno/
Taeko Ota/Kumiko Kaneniwa/Sawako Saito/Michi Nishijima/
Naoko Magara/ALC PRESS INC.
Atsuko Yamada
Printed in Japan.
PC:7012072
ISBN:978-4-7574-2224-7

地球人ネットワークを創る

アルクのシンボル
「地球人マーク」です。

日本語能力試験 スーパー模試 N4・N5

別冊

アルク
www.alc.co.jp

解答するときの注意

・黒い鉛筆（HB、No2）で書く。
・書き直すときは、消しゴムで、きれいに消す。
・解答用紙を汚したり、折ったりしない。
・マークシートの書き方
　　よい例　　●
　　悪い例　　⊗ ⊘ ◎ ◐ ● ○

別冊 目次

解答用紙（マークシート）

N4 第1回用 ……… 4
N4 第2回用 ……… 7
N5 第1回用 ……… 10
N5 第2回用 ……… 13

解答

N4 第1回 ……… 16
N4 第2回 ……… 17
N5 第1回 ……… 18
N5 第2回 ……… 19

[日本語能力試験 スーパー模試 N4]

もぎテスト N4 だい1かい げんごちしき(もじ・ごい) かいとうようし

なまえ
Name

もんだい1				
1	①	②	③	④
2	①	②	③	④
3	①	②	③	④
4	①	②	③	④
5	①	②	③	④
6	①	②	③	④
7	①	②	③	④
8	①	②	③	④
9	①	②	③	④

もんだい2				
10	①	②	③	④
11	①	②	③	④
12	①	②	③	④
13	①	②	③	④
14	①	②	③	④
15	①	②	③	④

もんだい3				
16	①	②	③	④
17	①	②	③	④
18	①	②	③	④
19	①	②	③	④
20	①	②	③	④
21	①	②	③	④
22	①	②	③	④
23	①	②	③	④
24	①	②	③	④
25	①	②	③	④

もんだい4				
26	①	②	③	④
27	①	②	③	④
28	①	②	③	④
29	①	②	③	④
30	①	②	③	④

もんだい5				
31	①	②	③	④
32	①	②	③	④
33	①	②	③	④
34	①	②	③	④
35	①	②	③	④

[日本語能力試験 スーパー模試 N4]

もぎテスト N4 だい1かい げんごちしき（ぶんぽう）・どっかい かいとうようし

なまえ
Name

もんだい1

1	①	②	③	④
2	①	②	③	④
3	①	②	③	④
4	①	②	③	④
5	①	②	③	④
6	①	②	③	④
7	①	②	③	④
8	①	②	③	④
9	①	②	③	④
10	①	②	③	④
11	①	②	③	④
12	①	②	③	④
13	①	②	③	④
14	①	②	③	④
15	①	②	③	④

もんだい2

16	①	②	③	④
17	①	②	③	④
18	①	②	③	④
19	①	②	③	④
20	①	②	③	④

もんだい3

21	①	②	③	④
22	①	②	③	④
23	①	②	③	④
24	①	②	③	④
25	①	②	③	④

もんだい4

26	①	②	③	④
27	①	②	③	④
28	①	②	③	④
29	①	②	③	④

もんだい5

30	①	②	③	④
31	①	②	③	④
32	①	②	③	④
33	①	②	③	④

もんだい6

34	①	②	③	④
35	①	②	③	④

[日本語能力試験 スーパー模試 N4]

もぎテスト N4 だい1かい ちょうかい かいとうようし

なまえ / Name

もんだい1

1	①	②	③	④
2	①	②	③	④
3	①	②	③	④
4	①	②	③	④
5	①	②	③	④
6	①	②	③	④
7	①	②	③	④
8	①	②	③	④

もんだい2

1	①	②	③	④
2	①	②	③	④
3	①	②	③	④
4	①	②	③	④
5	①	②	③	④
6	①	②	③	④
7	①	②	③	④

もんだい3

1	①	②	③
2	①	②	③
3	①	②	③
4	①	②	③
5	①	②	③

もんだい4

1	①	②	③
2	①	②	③
3	①	②	③
4	①	②	③
5	①	②	③
6	①	②	③
7	①	②	③
8	①	②	③

[日本語能力試験 スーパー模試 N4]

もぎテスト N4 だい2かい げんごちしき（もじ・ごい）かいとうようし

なまえ / Name

もんだい1

1	①	②	③	④
2	①	②	③	④
3	①	②	③	④
4	①	②	③	④
5	①	②	③	④
6	①	②	③	④
7	①	②	③	④
8	①	②	③	④
9	①	②	③	④

もんだい2

10	①	②	③	④
11	①	②	③	④
12	①	②	③	④
13	①	②	③	④
14	①	②	③	④
15	①	②	③	④

もんだい3

16	①	②	③	④
17	①	②	③	④
18	①	②	③	④
19	①	②	③	④
20	①	②	③	④
21	①	②	③	④
22	①	②	③	④
23	①	②	③	④
24	①	②	③	④
25	①	②	③	④

もんだい4

26	①	②	③	④
27	①	②	③	④
28	①	②	③	④
29	①	②	③	④
30	①	②	③	④

もんだい5

31	①	②	③	④
32	①	②	③	④
33	①	②	③	④
34	①	②	③	④
35	①	②	③	④

[日本語能力試験 スーパー模試 N4]

もぎテスト N4 だい2かい げんごちしき（ぶんぽう）・どっかい かいとうようし

なまえ
Name

もんだい1

1	①	②	③	④
2	①	②	③	④
3	①	②	③	④
4	①	②	③	④
5	①	②	③	④
6	①	②	③	④
7	①	②	③	④
8	①	②	③	④
9	①	②	③	④
10	①	②	③	④
11	①	②	③	④
12	①	②	③	④
13	①	②	③	④
14	①	②	③	④
15	①	②	③	④

もんだい2

16	①	②	③	④
17	①	②	③	④
18	①	②	③	④
19	①	②	③	④
20	①	②	③	④

もんだい3

21	①	②	③	④
22	①	②	③	④
23	①	②	③	④
24	①	②	③	④
25	①	②	③	④

もんだい4

26	①	②	③	④
27	①	②	③	④
28	①	②	③	④
29	①	②	③	④

もんだい5

30	①	②	③	④
31	①	②	③	④
32	①	②	③	④
33	①	②	③	④

もんだい6

34	①	②	③	④
35	①	②	③	④

[日本語能力試験 スーパー模試 N4]

もぎテスト N4 だい2かい ちょうかい かいとうようし

なまえ
Name

もんだい1

1	①	②	③	④
2	①	②	③	④
3	①	②	③	④
4	①	②	③	④
5	①	②	③	④
6	①	②	③	④
7	①	②	③	④
8	①	②	③	④

もんだい2

1	①	②	③	④
2	①	②	③	④
3	①	②	③	④
4	①	②	③	④
5	①	②	③	④
6	①	②	③	④
7	①	②	③	④

もんだい3

1	①	②	③
2	①	②	③
3	①	②	③
4	①	②	③
5	①	②	③

もんだい4

1	①	②	③
2	①	②	③
3	①	②	③
4	①	②	③
5	①	②	③
6	①	②	③
7	①	②	③
8	①	②	③

[日本語能力試験 スーパー模試 N5]

もぎテスト N5 だい1かい げんごちしき（もじ・ごい） かいとうようし

なまえ
Name

もんだい1

1	①	②	③	④
2	①	②	③	④
3	①	②	③	④
4	①	②	③	④
5	①	②	③	④
6	①	②	③	④
7	①	②	③	④
8	①	②	③	④
9	①	②	③	④
10	①	②	③	④
11	①	②	③	④
12	①	②	③	④

もんだい2

13	①	②	③	④
14	①	②	③	④
15	①	②	③	④
16	①	②	③	④
17	①	②	③	④
18	①	②	③	④
19	①	②	③	④
20	①	②	③	④

もんだい3

21	①	②	③	④
22	①	②	③	④
23	①	②	③	④
24	①	②	③	④
25	①	②	③	④
26	①	②	③	④
27	①	②	③	④
28	①	②	③	④
29	①	②	③	④
30	①	②	③	④

もんだい4

31	①	②	③	④
32	①	②	③	④
33	①	②	③	④
34	①	②	③	④
35	①	②	③	④

[日本語能力試験 スーパー模試 N5]

もぎテスト N5 だい1かい げんごちしき（ぶんぽう）・どっかい かいとうようし

なまえ
Name

もんだい1

1	①	②	③	④
2	①	②	③	④
3	①	②	③	④
4	①	②	③	④
5	①	②	③	④
6	①	②	③	④
7	①	②	③	④
8	①	②	③	④
9	①	②	③	④
10	①	②	③	④
11	①	②	③	④
12	①	②	③	④
13	①	②	③	④
14	①	②	③	④
15	①	②	③	④
16	①	②	③	④

もんだい2

17	①	②	③	④
18	①	②	③	④
19	①	②	③	④
20	①	②	③	④
21	①	②	③	④

もんだい3

22	①	②	③	④
23	①	②	③	④
24	①	②	③	④
25	①	②	③	④
26	①	②	③	④

もんだい4

27	①	②	③	④
28	①	②	③	④
29	①	②	③	④

もんだい5

30	①	②	③	④
31	①	②	③	④

もんだい6

32	①	②	③	④

[日本語能力試験 スーパー模試 N5]

もぎテスト N5 だい1かい ちょうかい かいとうようし

なまえ Name	

もんだい1

1	①	②	③	④
2	①	②	③	④
3	①	②	③	④
4	①	②	③	④
5	①	②	③	④
6	①	②	③	④
7	①	②	③	④

もんだい2

1	①	②	③	④
2	①	②	③	④
3	①	②	③	④
4	①	②	③	④
5	①	②	③	④
6	①	②	③	④

もんだい3

1	①	②	③
2	①	②	③
3	①	②	③
4	①	②	③
5	①	②	③

もんだい4

1	①	②	③
2	①	②	③
3	①	②	③
4	①	②	③
5	①	②	③
6	①	②	③

[日本語能力試験 スーパー模試 N5]

もぎテスト N5 だい2かい げんごちしき(もじ・ごい) かいとうようし

なまえ / Name

もんだい1

1	①	②	③	④
2	①	②	③	④
3	①	②	③	④
4	①	②	③	④
5	①	②	③	④
6	①	②	③	④
7	①	②	③	④
8	①	②	③	④
9	①	②	③	④
10	①	②	③	④
11	①	②	③	④
12	①	②	③	④

もんだい2

13	①	②	③	④
14	①	②	③	④
15	①	②	③	④
16	①	②	③	④
17	①	②	③	④
18	①	②	③	④
19	①	②	③	④
20	①	②	③	④

もんだい3

21	①	②	③	④
22	①	②	③	④
23	①	②	③	④
24	①	②	③	④
25	①	②	③	④
26	①	②	③	④
27	①	②	③	④
28	①	②	③	④
29	①	②	③	④
30	①	②	③	④

もんだい4

31	①	②	③	④
32	①	②	③	④
33	①	②	③	④
34	①	②	③	④
35	①	②	③	④

[日本語能力試験 スーパー模試 N5]

もぎテスト N5 だい2かい げんごちしき（ぶんぽう）・どっかい かいとうようし

なまえ
Name

もんだい1

1	①	②	③	④
2	①	②	③	④
3	①	②	③	④
4	①	②	③	④
5	①	②	③	④
6	①	②	③	④
7	①	②	③	④
8	①	②	③	④
9	①	②	③	④
10	①	②	③	④
11	①	②	③	④
12	①	②	③	④
13	①	②	③	④
14	①	②	③	④
15	①	②	③	④
16	①	②	③	④

もんだい2

17	①	②	③	④
18	①	②	③	④
19	①	②	③	④
20	①	②	③	④
21	①	②	③	④

もんだい3

22	①	②	③	④
23	①	②	③	④
24	①	②	③	④
25	①	②	③	④
26	①	②	③	④

もんだい4

27	①	②	③	④
28	①	②	③	④
29	①	②	③	④

もんだい5

30	①	②	③	④
31	①	②	③	④

もんだい6

32	①	②	③	④

[日本語能力試験 スーパー模試 N5]

もぎテスト N5 だい2かい ちょうかい かいとうようし

なまえ / Name

もんだい1

1	①	②	③	④
2	①	②	③	④
3	①	②	③	④
4	①	②	③	④
5	①	②	③	④
6	①	②	③	④
7	①	②	③	④

もんだい2

1	①	②	③	④
2	①	②	③	④
3	①	②	③	④
4	①	②	③	④
5	①	②	③	④
6	①	②	③	④

もんだい3

1	①	②	③
2	①	②	③
3	①	②	③
4	①	②	③
5	①	②	③

もんだい4

1	①	②	③
2	①	②	③
3	①	②	③
4	①	②	③
5	①	②	③
6	①	②	③

N4 第1回 解答

言語知識（文字・語彙）

もんだい1
1	1
2	4
3	3
4	1
5	2
6	2
7	3
8	3
9	1

もんだい2
10	1
11	2
12	3
13	4
14	4
15	2

もんだい3
16	2
17	3
18	1
19	1
20	2
21	3
22	4
23	1
24	1
25	4

もんだい4
26	3
27	3
28	2
29	2
30	1

もんだい5
31	4
32	2
33	1
34	2
35	3

言語知識（文法）・読解

もんだい1
1	4
2	2
3	1
4	1
5	4
6	2
7	3
8	1
9	3
10	3
11	2
12	4
13	2
14	1
15	4

もんだい2
16	3
17	4
18	1
19	1
20	4

もんだい3
21	2
22	4
23	3
24	4
25	2

もんだい4
26	3
27	1
28	2
29	1

もんだい5
30	2
31	1
32	4
33	1

もんだい6
34	3
35	4

聴解

もんだい1
1ばん	2
2ばん	4
3ばん	3
4ばん	2
5ばん	2
6ばん	1
7ばん	1
8ばん	4

もんだい2
1ばん	4
2ばん	3
3ばん	1
4ばん	3
5ばん	1
6ばん	4
7ばん	2

もんだい3
1ばん	3
2ばん	2
3ばん	1
4ばん	3
5ばん	1

もんだい4
1ばん	2
2ばん	1
3ばん	3
4ばん	1
5ばん	3
6ばん	2
7ばん	2
8ばん	3

N4 第2回 解答

言語知識（文字・語彙）

もんだい1
1	1
2	1
3	3
4	4
5	2
6	1
7	2
8	3
9	4

もんだい2
10	1
11	1
12	4
13	2
14	3
15	2

もんだい3
16	3
17	2
18	1
19	1
20	4
21	4
22	3
23	2
24	1
25	2

もんだい4
26	3
27	1
28	2
29	2
30	4

もんだい5
31	4
32	3
33	1
34	2
35	1

言語知識（文法）・読解

もんだい1
1	1
2	2
3	4
4	3
5	1
6	4
7	3
8	2
9	3
10	4
11	1
12	2
13	3
14	1
15	1

もんだい2
16	4
17	4
18	4
19	3
20	1

もんだい3
21	2
22	4
23	1
24	1
25	3

もんだい4
26	4
27	4
28	3
29	2

もんだい5
30	2
31	2
32	1
33	3

もんだい6
| 34 | 4 |
| 35 | 4 |

聴解

もんだい1
1ばん	4
2ばん	3
3ばん	4
4ばん	3
5ばん	1
6ばん	2
7ばん	2
8ばん	1

もんだい2
1ばん	1
2ばん	1
3ばん	4
4ばん	2
5ばん	3
6ばん	3
7ばん	1

もんだい3
1ばん	3
2ばん	2
3ばん	1
4ばん	2
5ばん	1

もんだい4
1ばん	2
2ばん	3
3ばん	1
4ばん	3
5ばん	1
6ばん	2
7ばん	2
8ばん	1

N5 第1回 解答

言語知識（文字・語彙）

もんだい1
1. 4
2. 2
3. 1
4. 1
5. 2
6. 3
7. 2
8. 1
9. 2
10. 2
11. 4
12. 1

もんだい2
13. 3
14. 2
15. 2
16. 1
17. 4
18. 4
19. 1
20. 3

もんだい3
21. 1
22. 3
23. 4
24. 2
25. 3
26. 2
27. 1
28. 1
29. 4
30. 4

もんだい4
31. 3
32. 2
33. 3
34. 4
35. 1

言語知識（文法）・読解

もんだい1
1. 1
2. 3
3. 4
4. 2
5. 4
6. 3
7. 1
8. 4
9. 1
10. 4
11. 2
12. 3
13. 2
14. 4
15. 3
16. 1

もんだい2
17. 1
18. 4
19. 2
20. 3
21. 2

もんだい3
22. 3
23. 1
24. 4
25. 2
26. 3

もんだい4
27. 4
28. 2
29. 3

もんだい5
30. 4
31. 3

もんだい6
32. 4

聴解

もんだい1
1ばん 4
2ばん 2
3ばん 1
4ばん 4
5ばん 4
6ばん 1
7ばん 3

もんだい2
1ばん 1
2ばん 1
3ばん 1
4ばん 3
5ばん 4
6ばん 4

もんだい3
1ばん 2
2ばん 3
3ばん 1
4ばん 3
5ばん 1

もんだい4
1ばん 1
2ばん 2
3ばん 3
4ばん 1
5ばん 2
6ばん 3

N5 第2回 解答

言語知識(文字・語彙)

もんだい1
1. 3
2. 3
3. 3
4. 1
5. 4
6. 4
7. 1
8. 1
9. 2
10. 3
11. 2
12. 1

もんだい2
13. 3
14. 1
15. 2
16. 4
17. 4
18. 3
19. 1
20. 1

もんだい3
21. 2
22. 2
23. 3
24. 1
25. 2
26. 4
27. 3
28. 4
29. 3
30. 3

もんだい4
31. 1
32. 4
33. 2
34. 2
35. 3

言語知識(文法)・読解

もんだい1
1. 2
2. 2
3. 1
4. 4
5. 4
6. 3
7. 2
8. 2
9. 1
10. 4
11. 3
12. 1
13. 3
14. 4
15. 2
16. 3

もんだい2
17. 2
18. 2
19. 1
20. 3
21. 3

もんだい3
22. 4
23. 2
24. 3
25. 4
26. 1

もんだい4
27. 2
28. 3
29. 3

もんだい5
30. 4
31. 1

もんだい6
32. 4

聴解

もんだい1
1ばん 1
2ばん 2
3ばん 4
4ばん 4
5ばん 2
6ばん 4
7ばん 4

もんだい2
1ばん 4
2ばん 2
3ばん 3
4ばん 3
5ばん 4
6ばん 1

もんだい3
1ばん 3
2ばん 1
3ばん 2
4ばん 1
5ばん 3

もんだい4
1ばん 3
2ばん 2
3ばん 2
4ばん 1
5ばん 1
6ばん 3

日本語能力試験スーパー模試 N4・N5
PC:7012072